天門の鍵

ドンドン奇跡が起こる「球状思考」のすべて

川島善市
Zenichi Kawashima

文芸社

本書は『幸せへの方程式』（双葉社刊）を改訂・改題したものです。

はじめに

私の本はいろいろな方に読んでいただき、いろいろな評価を得ているようです。ましてや本書は奇跡の論理的追求です。主観的、恣意的な解釈を多分に含む破天荒な野望ですので、みなさんの心を悩ますことになるかもしれません。でも、たしかに超常現象は起こるのです。読み始めて何回放り出すか、それとも辛抱して最後まで読みきってしまうかで、この本を購入された値打ちが決まるでしょう。

参考までに、私の既刊本の裏話を書いておきます。

読み始めて三～四ページで睡眠を催したり、気の短い方などは途中で放り出すことが多いようです。また、一回放り出していたものの一～二年後に再度読んで理解していただいたり、辛抱強い人は一気に三～四回くらい読んで概略をつかんだり、なかには七～八回も読んで理解できたという人もいます。このような人は悟りについて長年修業をされた方に多いようです。

ところで、人は成長するにつれいろいろな不満や恨みをつのらせていきます。

「ああ、今日の試験はむずかしかった。あんな試験問題を出すなんてあの先生は意地悪だ。両親はなぜ頭のいい人間に生んでくれなかったの」

などと、親を責めたり愚痴ったりします。またその一方では、

「今度の会社はあまりに厳しすぎる。そのわりには給料は安い。上司は仏頂面で愛想が悪いし、気分もすぐれない。このままではマンションも買えっこない。坪五百万円もする土地つき住宅なんて、夢のまた夢。みんなどうして買えるんだろう。肩も痛いし、足腰も痛い。なんて運が悪いんだろう」

「一家一族はあっちでもこっちでも病気だ貧乏だと嘆いてばかり……。先祖の祟りかもしれないな。仏さんでも拝んでみるか。首は痛いし、どこもかしこも痛いとこだらけだもの」

「でも、私のせいじゃない。先祖の種が悪い。世間では神仏の祟りというけれど、ほんとに神仏はいるのだろうか。特別に悪いことした覚えもないのに……」

「そりゃあ、厳密に言えば少しはあるけれど、自分はそんなに悪人とは思えない。俺より

まだあいつのほうが悪人だ。いやだいやだ、すべてが憎い。神も仏もあったものじゃない。いっそ、死んでしまおうか？

「だけど、あの世では自殺者は一番重い神罰を受けるそうだ。くわばらくわばら。そう言えば隣りのA子さんは美人だから、財産家にお嫁に行ったっけ。なんの因縁で私は不美人に生まれたのだろうか。でも、親の顔を見れば責める気もしない。神さま仏さま、どうぞなんとかしてください」

「せめて最後の切り札の親の財産でもあればと思うけれどこれもない。あるにはあるけれど、猫の額くらいの土地ではどうにもならない。それでも自分一人ならなんとかなるかもしれないけれど、兄弟が多くて希望もない。ああ、いやだ」

「でも、恨んでも仕方ないか？　人間万事塞翁が馬だもの」

と、達観に挑戦したまではいいのですが、そっと回りを見渡せば、すぐまた不満が湧いてきます。

「隣りの家は大きい。車も立派だし幸せそう。それにひきかえ我が家は小さくみすぼらしい。車は中古車、故障は連続して起こるし経費もかかる。節約しているのか乱費しているのかわからない」

達観どころか、こだわりの塊です。うらやましい、恨めしいと、回りの事物がすべての悩みの原因となっています。

☆

人生には適正な刺激が必要と、どなたか偉い人がおっしゃっていますが、毎日が刺激の山また山で、我々一般には、適正とはほど遠い状況です。親を恨み兄弟を恨み、社長を恨み、恨みの権化と化しているのが現実でしょう。

特定の少数を除き、人は大なり小なりこのような恨み節人生の渦に巻きこまれ、浮沈の生涯に甘んじています。そして来世の幸せに切ない期待をかけて（なむあみだぶつ）と合掌したり、真言を唱えつつ生涯を終えていきます。残念ながらこれが一般人の〈生きざま〉でしょう。

革命とは、このような恨み節人生のエネルギーの爆発です。こんな生きざまが古代から現代まで続いているのです。では、恨み節人生は私たちの手に負えないどうにもならない怪物なのでしょうか。自分の手で人生の運命を変え、幸福の獲得は望めないのでしょうか。私はまず、みなさんにこう言いたい。ハッピー人生に挑戦してください、と……。

☆

断っておきますが、運命転換を試みるくらいだから、筆者は聖人か特別な人物ではないかと早合点される方があるかもしれません。しかし、それは大変な思い違いです。筆者は一般的な小企業の経営者として四十数年を終え、現在は同社の会長として業務に携わっている一役員に過ぎません。ただ、今から四十年前に不思議な奇跡現象に出会い、運命が逆転し、人生が一変してしまった一人の劣等生です。これ以外に私は一般の人となんら変わりません。ただ異なっていると言えば、この運命の逆転劇を経験する数年前に二回の事故に遭ったことでしょうか。

一つはビルの四階から一階まで落下した事故です。もう一つは旅先で自動車に跳ねあげられてフロントガラスを破り、頭から車内に突っ込むという事故の体験者だということでしょうか……。そのときの影響で、おまえ頭がよくなったなどと言われたことがあります。もちろん冗談半分ですが、この言葉を聞くだけでも、筆者のそれまでの劣等生ぶりと、その後の変わりようを誰もが認めていることがうかがえるでしょう。不思議なことにこの二度の大事故とも無傷ですみました。

それが変わっていると言われればそれまでです。しかし、初めてお会いする多くの人々のなかには、筆者を神が定めた人だろうと言う人がいます。たしかに、そう言われても仕方がないほど、私の回りで起こる現象は大変不思議です。一般的でないことは事実です。

☆

数年前にもこんなことがありました。九州の自宅へ、東京の道光会道場に高価な恵比寿・大黒の彫刻が持ち込まれているという話が届きました。どんな彫刻かなと、早速東京の道場に〈想い〉を走らせました。すると、アラビアンナイトに出てくるようなターバンをかぶり、先端の跳ね上がった靴をはいた大黒さんの映像が浮かび上がってきたのです。

さらによく見ると、普通、大黒さんの額には五角形のマークがついていますが、その彫刻には、黄色の菊のマークがついているのが映しだされました。アラビアンナイトに出てくるような靴にせよ、黄色の菊のマークにせよ、一般の大黒さんとは大変異なっていました。それをたしかめるために、今度は東京の道場に電話をかけてみました。

するとやはり日本人ばなれのした鼻の高い恵比寿・大黒で、普通の彫刻と一味違うという返事でした。額のマークもやはり菊の花でした。すかさず、黄色に塗ってあるのではとたずねてみると、そうだという声が返ってきました。

想いをその地に走らせると、このように映像が浮かび上がってくるのですが、じつに不思議です。またこんなこともありました。お母さんの癌の治療祈願においでになっている方に、合わせ祈願（筆者と祈願者の思いを合わせて祈願すること）をしていたところ、眼鏡橋の映像が浮かび、自殺者がいることを教えられました。この自殺者とお母さんがどうも関係があるようなので、祈願者にたずねたところ、そのときはわからないという返事でした。そして数日後、お母さんと一緒においでになりました。お母さんが言われるには、「自殺した子がいました。たしかにその子が自殺したときの橋は眼鏡橋でしたが、今は架け替えられて普通の橋になっています」

とのことでした。

このようなことからもわかるように、筆者の回りにはいろいろな不思議な現象が起きています。ですから、たくさんの人たちがさまざまな目で私を見るのも当たり前かもしれません。

☆

私自身もこのような体験をし始めた頃は、孤立関係におちいるのではないかと大変心配しました。その一方、特別な能力かなとも考え、心の動揺が何年にもわたって連日続きました。この苦しみは体験のない人にはとてもわかってもらえないでしょう。でも最近は、神様がなにかのはずみで劣等生に与えてくださった祝福と思えるようになりました。今、振り返って考えてみれば、長期間にわたり、いままでお話ししてきたような奇跡現象をいただきながら神の存在を信じ得なかったのは、真の自己を失っていたからだと残念に思っています。

生かされている自己に気づかず、自己の努力だけで生きているという間違った考えを信じ、生かされていることへの感謝を消失していたからこそ、長期間にわたって苦しんだのだと反省しています。この本は、このような諸々の体験を下に、超常現象に出会うまでの道程を実践の書としてまとめたものです。

みなさんの運命の逆転、〈恨み節人生〉から〈ハッピー人生〉への逆転現象のお役に立てていただきたいと筆をとった次第です。

天門の鍵◎目次

目　次

第3章―宇宙は矛盾で構成されている……67

目　次

目次

目　次

目　次

第1章——ここちよい命令と喜びの従順

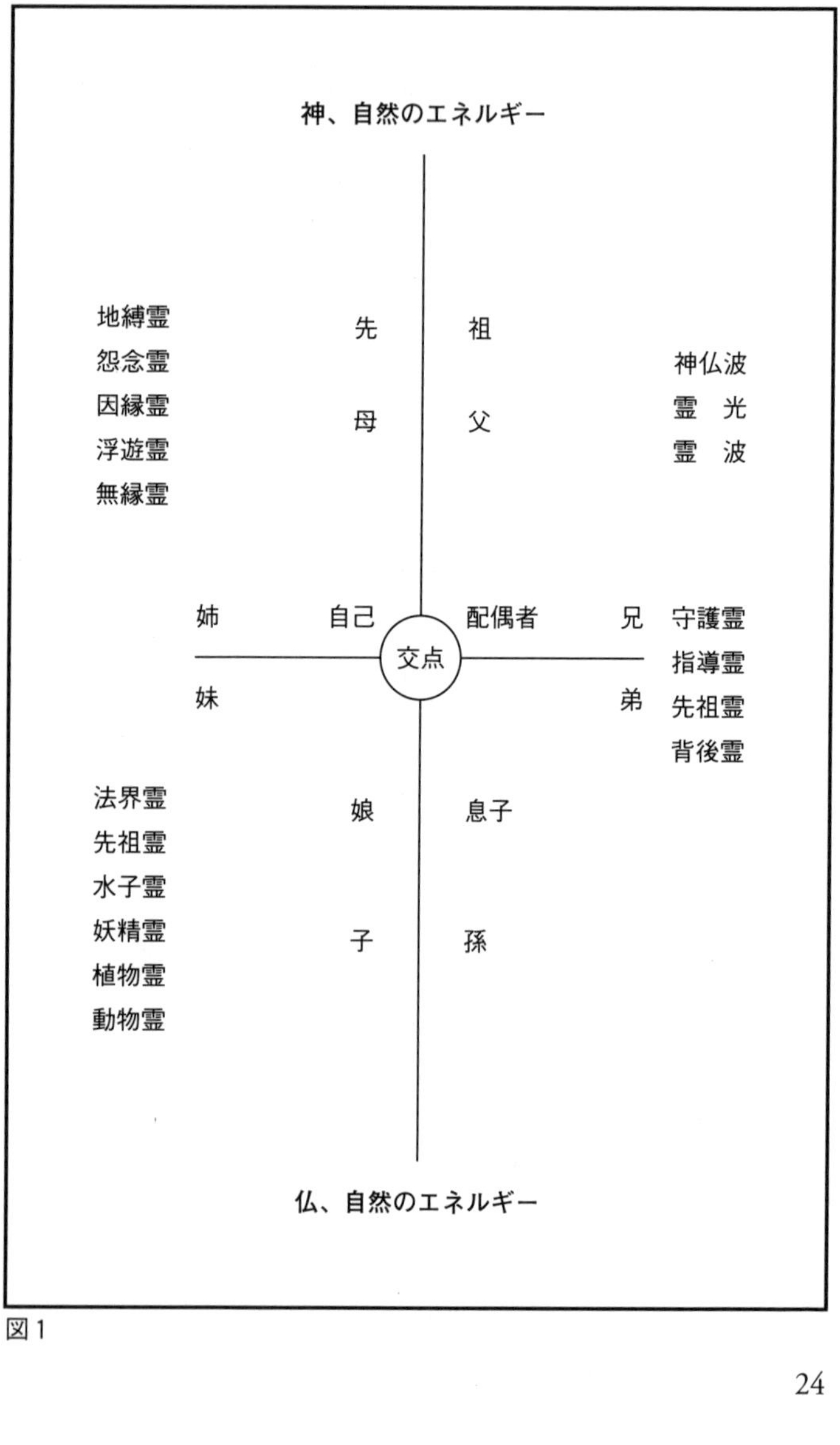
神、自然のエネルギー
地縛霊
怨念霊
因縁霊
浮遊霊
無縁霊
先
祖
母
父
神仏波
霊　光
霊　波
姉
自己
交点
配偶者
兄
妹
弟
守護霊
指導霊
先祖霊
背後霊
法界霊
先祖霊
水子霊
妖精霊
植物霊
動物霊
娘
息子
子
孫
仏、自然のエネルギー

図1

宇宙はボールの形をしています

私たちの先輩は宇宙創造について、次のように考えています。

時間も空間もエネルギーも物質もない「無」「真空」からビッグバン（超高温の爆発）が起き、相転移（温度が摂氏０度以下になると水が氷になる状態）を繰り返しながら森羅万象は創造されたと……。最近では、このビッグバン説の矛盾点の解決を示唆するような〈インフレーション宇宙説〉も発表され興味を呼んでいます。

しかしこの両説とも、じつは宇宙が誕生した頃の「無」と「真空」については、なにひとつ答えてはいません。「無」は形而上の問題であり宗教上の問題であって、考えても無意味なことというのが一般的な結論のようです。

また、あのスティーブン・ホーキング博士は、インフレーション宇宙説を基軸として宇宙を球状形の空間と説明しています。その考えは筆者も完結された理論と考えています。けれど、果たしてそうなるのかどうか、今後の楽しみとしたいと思います。というのも、このホーキング博士の提唱する理論は、宇宙の心（意識）を知る意味からいって重要な問題となるからです。

注　スティーブン・ホーキング＝英国人。父は生物学者。一九四二年生まれ。現代物理学の新時代を拓き、「車椅子の天才」と呼ばれている。二十歳で、悪魔の病気といわれる「筋萎縮性側索硬化症」に襲われたが、宇宙の謎の解明に挑戦し続けている。

魂は親から子、子から孫へと続いています

「ビッグバン」により創造された森羅万象のなかに誕生した人間の魂は、〈図1〉で示したように、永い年月、先祖たちの御魂の継承を経て、親から子供へと引き継がれてきました。むしろ、この図は当然すぎて、「このような事情を図にして、いったいどんな意味があるのか」と、疑問に思う人も多いことでしょう。

しかし、この継承の形を敢えて図にしたのは、このあたり前すぎる魂の自然な流れのなかに、人の運命を変えるものが潜んでいるからです。そこに奇なるものが隠されているこ

とを私が感得したからです。説明してみましょう。

〈図1〉のタテ軸（親、自己、子供、子孫）は、時間の流れと考えることができます。ヨコ軸（兄弟姉妹、夫婦）は空間の広がりとしてとらえることができます。このタテ軸、ヨコ軸をこれからは十字と呼び、十字に関する理屈を「十字論」と呼ぶこととします。

この十字のタテ軸は〈生む、生まれる〉の関係です。ヨコ軸は広がりを示しています。〈生む、生まれる〉に関係ありません。十字の魂の交流の中では、親と子供の関係を最も重要な問題として扱います。

子供は親なくしては生まれません。また子供から親は生まれません。これは兄弟関係も同じです。兄から弟は生まれないし、姉からも妹弟は生まれません。厳然たる事実です。

こんなことを話しておりますと、ある日、相談者のお一人が、突然こんなことを言いだしました。

「姉さんが弟さんを生んだという話を聞いたことがある」

一瞬、近親相姦のことかと思いました。しかしよく聞いてみると、そうではありませんでした。出産するには母親の体に問題があり、一時期父親の精子を娘の子宮に移し、そこである程度まで成長させ、次に母親の体に移し変え、完全に成長させたのだということでした。この話の真偽はともかくとして、聞いたときには驚きました。

「結果はうまくいったのですか？」

とたずねますと、

「知りません」

ということでした。

なかなかややこしい親子関係の話です。でも、近親相姦であろうと、人工的に受胎させようと、精子がいかなる関係にあろうと、子供を誕生させた以上は、兄弟姉妹の関係ではなく親子の関係となります。ただ、その関係が不自然なため、自然の法則または社会の法則の制約を受けることからは絶対に逃げられません。つまり、問題の多い子供を生みだすことになります。

魂にもちゃんと個性があります

一方、夫婦、兄弟姉妹はあくまでもヨコ軸の関係であり空間の広がりです。このヨコ軸に、自然は生命の増殖だけを厳然と義務づけ区別しています。前にも言った通り、タテ軸の親子の魂の交流は、生命を相続するという意味から、十字論では最も基本的で需要な関係ですので。矢印で示したように、正しく相互に交流しなければなりません。例えば、親のしつけがかたよったものだったりしますと、子供の社会的活動が偏狭になったり、依頼心の強い人間に成長したり、また気の弱い子供になったりします。その結果、集団・社会に溶けこむことが困難な、適応能力の劣った子供になってしまいます。

このまま大人になってしまうと、自己意識の外、つまり深層意識に組みこまれた習性がそのまま、体質・性質となり、運命に影響を及ぼしてしまうのです。性質的・体質的な習性を浄化するのは神業《かみわざ》にも等しいものです。成人後の魂の浄化は容易ならざるものと肝に銘じ、一日もおろそかにせず、親と子の正しい魂の交流を実行することです。

魂には本来、個性としての本能が備わっています。その本能にはパワフルな能力が内蔵されています。自ずから十字に正しく交流する能力を持ちあわせているのです。そしていろいろな試練を経て、先祖から引き継がれてきた親の〈生きざま＝生活思考パターン〉に深く関わっているのです。ところで、この〈生きざま〉は一家一族だけで決まっているものではありません。一般社会との関わりで決まってきます。

自己と集団の最小単位となる家族との交流はもちろんのこと、社会集団との魂の交流が絶対に必要不可欠です。適正な魂の集団交流が実行できなければ、苦労の多い人生を送ることは火を見るより明らかです。その反対に、適正な交流ができていれば、集団に対する適応能力は高揚します。幸福な人生をその手につかむことも夢ではありません。このように、社会一般との交流の適正・不適正は、家族における親と子の魂の交流に深く関わっているのです。

親の魂の性質を理解してあげましょう

では、親の魂とはどんな性質を持っているのでしょうか。

大きく二つに分けられます。一つは、人間個人としての個性的本能です。もう一つは、集団（家族）の長である性質です。この二面が必然的に与えられています。言葉を換えて言えば、子供っぽい本能と大人の心を同時に持ちあわせているとも言えます。男性が、よく、子供っぽいところがあると言われるのもそのせいでしょう。

二面性を持つ親の魂との交流は、当然ながら複雑です。個人と個人、個人と集団との交流を同時に行うこととなります。子供っぽい本能を持つがゆえに、親もあるときは自己愛に固執したり、あるときは、妻、息子、娘のいずれかに、愛や憎しみがかたよってしまうことがあるかもしれません。でも、子供に対する親心は、いずれにしても絶対の影響力をもちます。そしてこの影響力は、家族だけにとどまることなく集団社会での交流へとつながっていきます。これは、生みの親、育ての親といった違いも関係ありません。ですから、家族内の魂の交流が、そのままその人の人生を〈恨み節〉にするか〈ハッピー〉にするかを決定すると言っても過言ではありません。人生で、まず最初に身を正さなければならない関所と言えます。

社会適応能力の高い親のしつけを受けて育った子供は、人生第一の難所を無事に通り抜け、幸せな人生を歩く確率が高くなりますが、大概の人は、うまく事が運ばないのが実情です。でも、親はなにも好きで親子の交流を悪くしようなどとは思っていません。むしろ、親自身が先祖からの魂の生活思考パターンの継承者として「恨み節人生」に引きこまれて苦しんでいる、と考えたほうが正しいでしょう。だから無思慮に親だけを責めても始まりません。とりあえず、先祖からの生活思考パターンとしてありがたく認識しましょう。そして、現在の親子の魂の交流は、そのひとこまとして気長に話し合っていくべきです。なにもしないで放っておくのは無茶ですが、事を急いでも徒労に終わるだけです。

まじめすぎると障害が起こります

次に、親子の魂の交流がかたよると、それがどのような影響を持ってしまうのか見てみましょう。

まず考えられるのは、家庭から出たがらないウツ病的な性格の魂となってしまうことです。例えば、社会問題となっている不登校、大人の出社拒否がそれにあたります。これは、高度な文明社会に対するウツ症状です。

高度な文明とは、立派さ、卓越さ、豊かさ、豪華さ、贅沢さなどを飽きることなく要求する貪欲の社会です。こうした社会に対応するには、徹底した知識欲と情報欲を持ち、あなたが幸せ、私が幸せなら、少々問題が起きようと関係ない、と見過ごしてしまうような、浅ましさを含んだ自由な心と欲がなければやっていけません。生半可な欲の表現だけでは不可能です。

この二つがあって、初めて、一般的な適応能力が高揚するのです。ですから気の毒なことに、道徳的、宗教的、まじめといった人たちにとくに偏見の障害が多く起きます。このような飽くなき欲望と、その欲望を制限しようとする自然の法則との矛盾をコントロールするしつけを見出すことです。

一般には、習慣に合わせたしつけが行われるのが普通でしょう。それも一つのしつけには違いありません。

ですが、今日のような高度文明社会、それも急変・急進する社会に追いついていくには、それにふさわしいしつけを獲得する必要があります。大きく言えば、地球の共存共栄のために適正な魂の交流のしつけを探し出す、あるいは見直す時代になっているのではないでしょうか。

因縁の解明にこだわりましょう

では、飽くなき子供の欲望と節度ある大人の欲望の矛盾を統一するしつけについて検討を進めてみましょう。

道徳的、宗教的、法則的、勤労的などの大人を代表する心の拘束を受けずに育った子供は、間違いなくわがままで自己中心的になります。そのまま成長すれば、社会適応を欠くことはもちろん、世の嫌われ者となるでしょう。ぶしつけは社会問題を引き起こし、無頼の徒になりさがる人間を生みだします。ですから、子は当然、大人の心の拘束を受けなければなりません。

しかし、いままで述べてきたような無思慮な大人（親）のかたよったしつけではいけません。子供の本能を認めないような拘束の仕方では、かえって子供を狂人もしくはそれに近い魂に、またノイローゼになってしまうような魂に陥れてしまう恐れがあります。このような人を私は、魂を奪われた人と言っています。昔から言われている〈魂のぬけた人〉

がこれにあたるでしょう。

また、親から強制的な従順を強制されて育った子の魂は、他人の顔色をうかがったり、周囲に必要以上の愛敬をふりまき、自分の言いたいことも言えない魂として成長します。拘束にしろ放任にしろ、いずれにしても魂の十字の交流が正しくなめらかでないと、適応能力が弱いかたよった魂となってさまざまな苦しみを生みだし、哀しむこととなります。

そうなると〈図１〉で示したように、諸悪霊や低級霊たちの憑依に遭い、身も心もボロボロとなり、挙げ句の果ては〈恨み節人生〉の主人公となってしまうのです。

そうならないようにするには、まず、魂のかたよりを十字の交流に照らし合わせて検証し、正しい交流を獲得することです。親から子への交流、つまりタテ軸の流れとしての絶対命令を「ここちよい命令」とし、子供から親に対する絶対従順を「よろこびの従順」とする交流方法を探しあて、一日も早く実践することです。

けれどこの問題は先祖からの因縁的要素が強く影響しているので、徹頭徹尾のこだわりを持ち、徹底的に追求し、矛盾の統一を阻害しているものの正体をつきとめないと解決は望めません。つきとめて初めて〈恨み節人生〉から〈ハッピー人生〉への逆転が獲得できるのです。

一〇〇％の円満夫婦は必ずどちらかが自分を殺しています

〈図1〉のタテ軸・ヨコ軸の交点は、自己と配偶者の重なりを表しています。ここは生命の誕生する聖域で、神の鎮座する領域です。魂はこの聖域から、自然の生命エネルギー（神）の力（意志）によって生みだされます。この神の座に直接触れるのが夫婦の重なりです。親子の交流関係は親子のみにとどまりますが、夫婦の交流関係は異なります。基本的には十字のヨコ軸ですが、その交点の領域は親子の交流関係も発生させ、四軸にまたがる聖域でもあります。ですから夫婦の重なりは十字の要であり、総合的な神秘を秘めています。この夫婦の重なりの意味を極めることこそ、魂の交流の奥義に触れることになります。

ところで、世間ではよく〈夫婦は一心同体〉と言います。この〈一心同体〉とは、いったいどのような状態を言い表しているのでしょうか。文字の上からだけの感覚ですと、身も心も一つとなって家庭のために呼吸を合わせ、一心不乱に励む様子を表現しているように見えます。しかし、どこか排他的な精神が感じられます。私はそれを拒否するものではありません。むしろ認めるのですが、それでもどこかに窮屈さを感じてしまいます。このような窮屈さを感じさせる一〇〇％の夫婦の重なりは、幸福な家庭を建設することが不可能ではないかと思います。

例えば、子供の教育一つをとってみても、夫婦が絶えず同意見では、反対を持たない独善的教育に陥りやすく、偏狭な意見を押しつけることになりはしないでしょうか。また、円満さをさらに豊かにするための反対意見、相手を尊重した反対意見の容認をおろそかにしてはいないでしょうか。子供が正しく成長するには意見の違いが必要です。この相違が交流バランスの歪みを正してくれるのです。

夫唱婦随、婦唱夫随といった一〇〇％の重なりは、いずれか一方が自己の意志を殺し、他方のわがままを許している状態です。この言葉は一見円満そうに見えますが、裏を返せば重大な問題が潜んでいます。夫唱婦随の場合、妻が夫のわがままに自己の意志を殺してしたがう形です。妻は夫のわがままをそのまま受け入れ、自分の周囲の人に、そのわがままを押しつけることになってしまいます。ところが、妻は夫婦円満のための行為という大義名分があるので、わがままを押しつけられていることに少しも気がつかないということになります。むしろ、本人は自分のエゴを殺しているが故に、かえって大義名分だけが見え、身を挺してでも実行し、夫婦円満を勝ち取ろうとします。事実は夫のエゴを、夫婦で共謀して回りの人に押しつけていることになります。押し通せている間は夫婦円満、家内安全でしょうが、いずれは破綻するでしょう。婦唱夫随もまた同じです。

夫婦の理想の重なりは七〇%～八〇%です

もうおわかりでしょう。反対意見を持たないわがままを基礎とした一〇〇%の従順は、円満どころか、根底から崩壊する未来を内蔵しています。自己主張を認め合うことを互いに尊重し合ってこそ、初めて夫婦円満、家庭円満につながっていくのです。一〇〇%の従順は完全なる抵抗に他なりません。

夫婦の重なりは十字の原点であるとともに、感覚的、肉体的、生きざま（家柄）その他で成り立っています。どれか一つに基づいて夫婦円満を希望するのは無理なことです。若いうちはあれこれ余計なことを考えず、肉体の感覚だけを中心に思っていれば大概のことは解決するものです。ところが歳をとるにしたがい、子供の教育や年寄りの面倒をみることに時間をとられます。そのうち、自分の肉体も衰え、いつの間にか老人の仲間入りをさせられ、あわてて趣味を見つけ始めたりします。そして、

「〇〇があああだったからそうなった」

と、そのような老人になったことまで回りの人になじったりします。ここまでいかなくても、似たような笑えない話をよく耳にします。

このように、一つのことだけに気を遣っているだけでは、年老いて痛い目に遭ってしまうのです。夫婦・家庭の破綻にもなりかねません。できるだけ広い目で全般に気を配り、相互の意見を尊重し合って正しい交流を実践することです。それでこそ、年老いてから幸せを勝ちとることができるのです。そのためには一〇〇％の夫婦の重なりでなく、七〇～八〇％の重なりが理想の数値です。二〇～三〇％は互いの自己主張のための余裕領域としておいて欲しいのです。この領域は夫婦円満、ひいては家庭の幸福のために認め合うべき

ゾーンです。個人の自由領域をどのように認め合うかで、その人の隠れた〈情〉の値打ちが決定されると言っても間違いではないと思います。

また、初めから理想の重なりパーセンテージをはるかに下回るご夫婦をお見受けすることもあります。このタイプのご夫婦は政略結婚で結ばれた方が多いようです。完全従順型のご夫婦と異なって、自己の意志がそれぞれはっきりと確立しているカップルなので、こういった重なりになります。むしろ、意見の言い放題といった危険をはらんでいて従順型ご夫婦の問題解決法はあてはまりません。ですから、このタイプの場合は、むしろ従順の心を学ぶことから始めていけば人にしたがう心が養われるでしょう。

抵抗型・従順型のいずれにしても諸事全般に気を配り、個人の意見を尊重し、代表者のここちよい意見と喜び合える従順こそが、夫婦円満・家庭円満を作りだすということを自覚してください。

不倫は幸運を根こそぎ奪ってしまいます

こんな言い方もできます。夫婦仲がよかったときは家庭の中も明るく前途も希望に溢れていたのに、仲が悪くなったとたん陰気臭くなり、予想もしなかった悪い運が次々と襲ってくる……よく聞く話だと思います。不倫をしている人などの場合、陰に隠れてうまくやればやるほど、運命は必ず下がっていきます。表に出た不倫のほうがまだ救われます。けれど、やっぱり妻（夫）を裏切ったという事実から逃《のが》れることはできません。さきほども言いましたように、夫婦の領域は十字の要となっている聖域です。最もパワフルなその領域に生じた狂いは、いたる所に波及して狂った現実を作りだします。バケツの底に穴があいたように運が逃げていってしまうでしょう。

家庭での交流は社会交流の基本です

兄弟・姉妹の関係は夫婦の関係同様ヨコ軸となります。夫婦関係のようにタテ軸の交流を直接には含んでいませんが、全体的な生命の継承という意味から言えば、間接的ですがタテ軸の関係も含んでいます。

例えば、人類（生命）の広がりが親子のタテ軸関係だけだとすると、人災・天災などで、いつ人類が果ててしまうかしれません。また、完全に絶えなくともその不安と緊張は大変なものと思います。それを補っているのが、兄弟・姉妹というヨコ軸の広がりです。そして、その広がり方も一直線ではありません。兄弟・姉妹の年代の差がヨコ軸の幅となります。人類の生命は、このように無数の親子のタテ軸と、無数に綾《あや》なす兄弟姉妹のヨコ軸に守られて引き継がれているのです。

また、このヨコ軸とタテ軸の広がりは家庭内だけにとどまりません。社会集団、国家集団、ひいては人類集団、霊魂の集団へと関連していきます。会社で例えれば、会長・社長・部長・課長・一般社員がタテ軸にあたり、同僚・先輩・後輩等がヨコ軸となります。企業そのもので見れば、企業の存続がタテ軸となり、同種の企業がヨコ軸となります。企業規模の違いは関係ありません。社会・会社におけるタテ軸は生命の〈生み、生まれる〉の関係ではありませんが、人材・後輩を生みだすということで、ここちよい命令と喜びの従順という交流は、親子の場合と同じです。

だからこそ、家庭での親子の交流の善し悪しが、そのまま社会のタテ軸交流に反映するのです。家庭では魂の交流が悪かったから、社会ではうまく……などと考えても、なかなかうまくいかないのはこうした理由からです。無意識の領域にうまくいかない原因がありますから、ますます泥沼にはまりこんでいってしまうのです。

現実は〈仲良し感覚〉だけでは渡れません

またヨコ軸には命令・従順の関係はあり得ないのですが、兄弟姉妹・先輩後輩という関係ではその交流が発生します。ヨコ軸本来の働きは、競争と妥協・協調にあります。ですから、喧嘩の絶えない兄弟姉妹はそれだけ生存競争に対して激しい性格を備えていると解釈できます。このような性質を持った魂が社会に出ると傷つくことも多いのですが、だいたいは適応していきます。現代という激しい生存競争の時代に合っているからでしょう。

世間で成功者と言われる人は一般に柔和に見えますが、じつは激しい気性の持ち主と考えて間違いがありません。その激しい競争意識に妥協と協調の精神がいかに噛み合うかで成功・不成功が決定されていくのです。兄弟仲良くという言葉がありますが、仲良くだけではこの生存競争を乗り切ることはできません。勝とうとするならば、兄弟喧嘩の一つや二つ、体験しておかないとダメだということも言えます。協調の精神は喧嘩の後から自然に身につくものです。

もう一度申しあげておきますが、妥協・協調を忘れた魂の落ち行く先は、世の中の嫌われ者です。

けれど社会の発展と進歩は競争なしにはあり得ません。生存競争に弱々しく育った魂は、今日のこの熾烈な争いから取り残されざるを得ないでしょう。

では、いったいどうしたらいいのでしょうか。その答えは、心の底に潜んでいる競争心を意識上に浮かび上がらせることです。ですが、ヨコ軸の魂の働きも、前記したタテ軸の魂の働きと同様に無意識の領域に基盤があります。努力するといってもたやすくはできません。そこで、まず最初に実行することは、妥協と協調を続けながら、最後にノーと否定をするのです。時間をかけてこのやり方に慣れてくれれば、やがて競争心の激しい魂と渡りあえるようになります。そして、競争に競争を重ね、やむなく妥協という魂の交流も身についてきます。

現代人はケタはずれに疑い深い人種です

ところで、競争は社会の発展を促すとはいうものの、その意識が強くなりすぎると、戦争という殺戮《さつりく》に至りかねません。まさしく両刃《もろは》の剣です。また協調・妥協だけですと、自主的な実行力がともなわず、人類のために頑張ろう、平和だ、平和だと、ただ叫んでいるようなものです。

現実を見ますと、この競争と協調・妥協の不調和が目につきます。聖戦という名の戦争などはそのいい例でしょう。しかけたほうもしかけられたほうも、どちらも正義という錦の御旗をたてて血を流し、まことに理屈に合わない殺し合いです。極端に言えば、共存共栄はどうでしょうか、と言っただけでも戦争につながる恐れもあるのです。

平和に異存のある人はいないはずです。それなのに何故、戦い・殺し合いという事態になってしまうのでしょう。それは、一見、人類の目標と思える平和の言葉の裏に、じつは堕落・退廃が隠されているからです。そして競争と妥協も表裏の関係にあるのです。

競争に強い魂は、相手と話しながらも、常に裏側に潜む堕落と退廃を疑っています。その逆に、弱い魂は喧嘩と戦争を考えています。その結果、戦いの火ぶたが切っておろされてしまうのです。

そうならないようにするには、互いに思慮深く検討し、純粋な心に立ち返って是非を判断しなくてはいけないのですが、今日の競争社会の現状では、これがまた難しいことです。競争原理に強い魂も弱い魂も、なにも好きこのんでそうなったのではありません。生家の環境などで強くも弱くもなったのですが、現代人は高度な文明社会に住むがゆえに、自己防衛からくる疑い深さがケタ外れに強くて高慢になっています。残念ながら相手の〈生きざま〉を考慮する寛大な心を持ち合わせていない場合がほとんどです。

厄介なことに〈生きざま〉そのものは、時間をかけて初めて変化できるものです。余裕のないまま主張し合えば、当然、魂の交流もうまくいくはずがありません。喧嘩になってしまいます。言ってみれば、喧嘩も戦争も〈生きざま〉を急激に変化させようとしているに過ぎません。急激な変化は大きな犠牲をともないます。そこで、その言い訳に神仏を持ち出して戦い合うのです。

このように、競争と妥協、戦争と平和は十字のヨコ軸の魂の交流に大きな影響を受けています。正しい十字の交流を実践し、競争と妥協の統一をなしとげてこそ初めて真の人類の幸せ、あなたの幸福が訪れて来るのです。この正しい交流の鍵が十字に隠されています。神様はそのようにちゃんと仕組んでいます。

第2章——少数精鋭主義とおちこぼれ

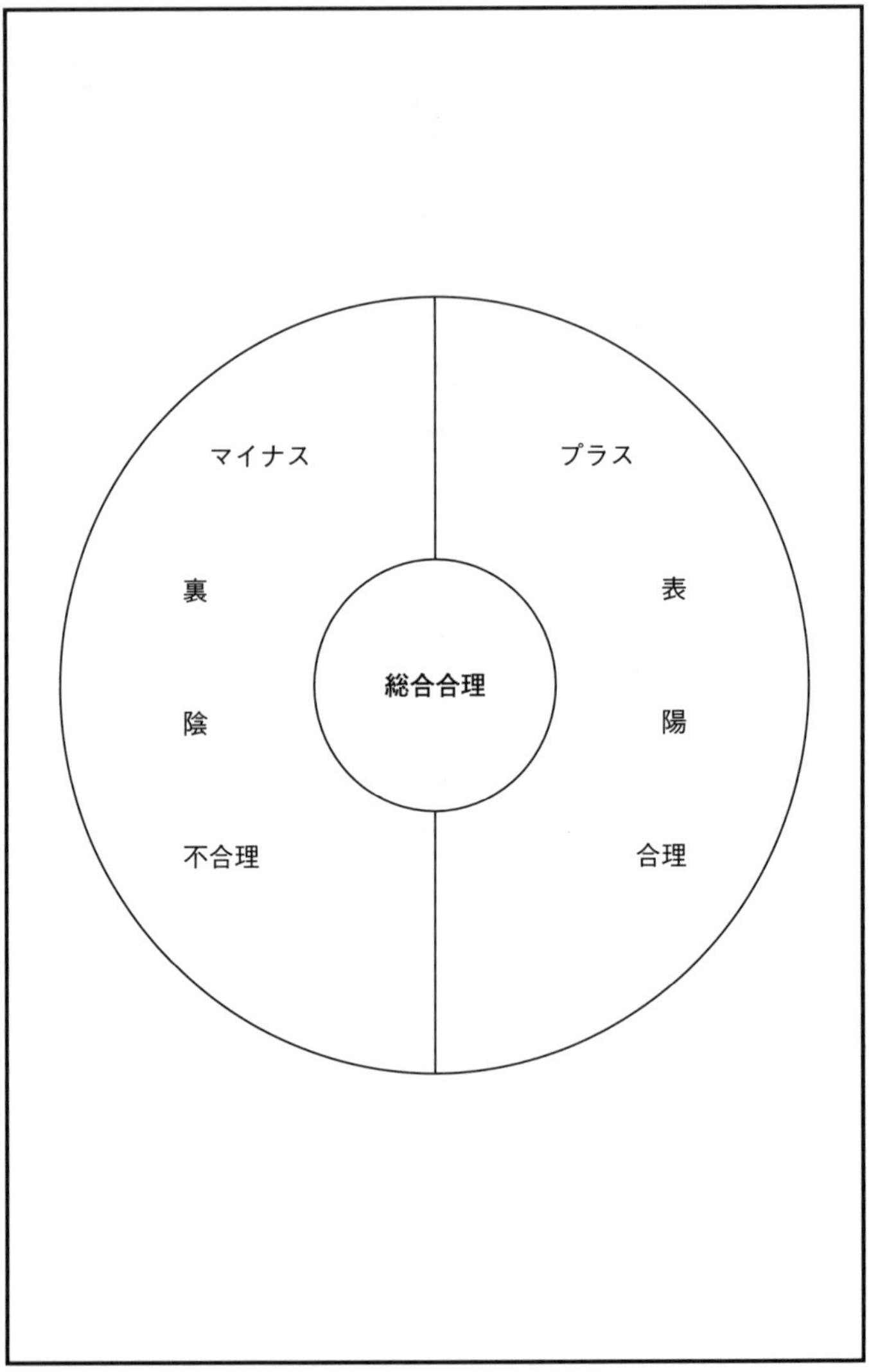
マイナス
プラス
裏
表
総合合理
陰
陽
不合理
合理
図2

合理性だけで会社が運営できるでしょうか

私が二十九歳のとき、当時は合理主義の頂点といいますか、少数精鋭主義が流行していました。零細企業の当社でも生意気にこの主義について語り合っておりました。そのとき、〈図2〉の「総合合理」（著者の造語）という考えに到達し、不思議な現象（超常現象）に出会ったのです。

少数精鋭主義とは文字通り、少人数の優秀な者だけで企業運営を行い企業成績をアップさせようというものです。つまり、劣等生の切り捨てです。利益を追求するのが企業の目的ですから、もっともな考えとは思いました。でも現実を見ると、（果たしてわが社に精鋭といえる人物が何人集まるか、いや待て、私自身が劣等生なのだから、それは無理だろう……）

などと考えたりしていました。精鋭主義はともかく、我が社ではどんな人でも、また一人でも多く働いてくれればありがたく、よくぞこの劣等生リーダーにつかえてくれる、という感謝こそあれ、人物を選択する余地などありませんでした。ところが、選択なしの従業員の結果が仕事の差となって大きく表れ、社内問題となってしまいました。その頃、我が社は能率給制をとっていたのですが、仕事の差がそのまま給料の差となって表れ、問題となってしまったのです。個人の実力差、作業の種類、現場の条件によって能率が変わってきますので、その条件の調整に頭を痛めることとなりました。なかには器用でない従業員もいて、給料も少なく、能率の悪さを怒るに怒れない気の毒な人もいました。

合理は不合理から生まれました

そんな折りのある日、従業員と少数精鋭主義と合理主義について話し合っていたのですが、

（合理だけ、精鋭だけの考えで、果たして会社が経営していけるのだろうか……）

（合理・精鋭とは人間の欲望からでたもので、全体的ではない。合理は不合理から生まれたもので、合理も不合理もともに必要だ）

という考えに行きあたったのです。合理性は大切な考えには違いありませんが、不合理も必要なことではないかと、一瞬閃《ひらめ》いたのです。そして、この二つを合わせたものを総合合理と名づけたのです。

この考えが生まれたことで劣等生の率いる我が社は救われました。私はなにかが乗り憑《うつ》ったように、すぐさまこのことを全従業員に伝えました。

「器用な人は、いつもビリになっている人に自分の力を自慢できるだろう。しかし、不器用な人は好きでそう生まれついたのではない。だから自慢も冗談のうちはまだいいが、度が過ぎると相手の心を傷つけ、自信をなくさせてしまう。そうじゃないだろうか」

総合合理は心の仕組みそのものです

ありがたいことに、みんなじっと耳を傾けて私の話を聞いてくれました。

「合理主義と精鋭主義だけでは、自信のない人は会社をやめていってしまう。すると結局、自信のある者だけが残り、周囲はいつの間にか競争者だけのグループとなって、息も絶え絶えの辛い毎日を送らざるを得なくなってしまう」

なかの一人がウンウンとうなずいていました。

「不器用な人も現実には友として、また競争相手として、器用な人に共生感を与えてくれているのではないだろうか」

私は熱心に語り、みんな熱心に聞いてくれました。こうして私の会社は総合理によって救われたのです。

自分でも思いがけなかったこの考えに出会って以来、私の人生は一変してしまいました。大転換が起きたのです。一時期などは自分の気持ちがコントロールできず、不安の虜になって意識朦朧とした日々を送ったこともあります。そして、その変性意識の最中にさまざまな不思議現象と出会うこととなったのです。奇跡という言葉がピッタリとくる現象が連日のように起きました。でも当時は、この奇跡現象と総合理が関わり合っているなどとはわかりませんでした。じつを言うと、この奇跡現象から逃げ出すことで頭がいっぱいでした。

今でこそ、従業員の不満に心を傾け、同化し、最善をつくしていた零細企業の経営者の心と知恵が総合合理を生み出したと納得できます。それが奇跡現象へとつながっていたのだと理解できます。

総合合理は心の働きの仕組みを表していると同時に、自然の基本的な仕組みでもあると、今では断言できます。神の哲理に違いありません。

表と裏は共存しています

いよいよ総合合理の解説に入ります。

簡単に言えば総合合理とは、あらゆる現象を合理と不合理の二つに分類し、それを球体状に思考化したその中心の一点を指しています。これは合理・不合理を超越した普遍的な中心で、古来、言い伝えられている〈無〉と同じ意味と考えていいでしょう。球体の表面からは見えない地点です。私はこれを0《ゼロ》地点とも言っています。

物事はすべて、表と裏、合理と不合理、プラスとマイナス、陽と陰といった具合に相反関係の要素が結びついて一体となっています。一見そうでないようなものもありますが、よく観察すればすべてがそうなっています。これを球体状に思考化すると次のようになります。

まず球体を正面から見れば、表しか見えません。しかし、当然、裏があるはずです。では、裏はどこにあるのでしょう。いま正面から見ている球体を、例えば、左へ一cm回転させたとします。するといままで見えなかった部分、つまり裏面が一cm現れたことになります。でも本当はこの部分を裏面だと証明する手だてはなにもありません。例えば、印をつけておいて表と裏をそれぞれの色に塗り分け、

「ホラ、ここまでが表で、裏が見えてきた」

と言っても、それは便宜上のモノサシにしかすぎません。では、裏へ移動した表の部分は、果たして表なのでしょうか、それとも裏になるのでしょうか。そして、この作業を続けていって球を半回転させたらどうなるでしょう。表と裏が完全に入れ替わっているはずです。ドンドン東へ歩いて行くと西へ至るのと同じです。つまり、表は裏であり、裏は表であり、この二面をはっきりと分ける境界線はなく、相互に依存し合っている関係ということになります。

総合理は神の領域です

合理・不合理という関係から言えば、この裏と表の二面の接合点が、必ず球体のどこかにあるはずです。その接合点を核として一個の球体になっているわけです。けれども、その接合点は表と裏の境界の例えで話したように決して目には見えません。

地球の経度〈０〉はイギリスのグリニッジ天文台を通過して引かれているそうですが、それも便宜上のことです。仮に地球を二分しようとすれば、その線はどこに引こうとも地軸の中心を通ってさえいれば二分できるはずです。引こうと思えば、裏と表の境目はどこにでも引けるということです。つまり、絶対的な場所はないことになります。このように、どこにでも引ける相対的な線を十字論でいうヨコ軸とし、地軸をタテ軸と考えますと、地軸を中心とした球体状の概念が形成されるわけです。

十字のヨコ軸は、兄弟姉妹を初めとする多種多様な社会的つながり、人生の行動範囲を意味します。これをぐるりと一回転させ、タテ軸と出会う領域を０地点と呼ぶのです。

この地点が奇跡の発生する場所であり、球体思考の統一点です。あらゆる現象の矛盾を超越した神の領域〈総合合理〉です。

色の世界もタテ軸とヨコ軸で思考されています

また球状思考は色の仕組みとも共通しています。簡単に説明してみましょう。

中学校時代に習ったと思いますが、色の世界には、赤・橙・黄・緑・青・藍・紫の順に並んだ「色相」という秩序があります。

色相には色調があり、明度と彩度に分類できます。明度とは色の明るさ、白色・灰色・黒色の無彩色の明暗の度合いです。彩度とは、赤・緑・青などの有彩色の鮮やかさの度合いを言います。色相・明度・彩度という関係が色の三要素ですが、これを図にすると次ページのようになります。

〈色調図〉を見てもわかるように、原色（純色）に白・灰・黒色の無彩色を加えますと、例えば、赤に白を加えていきますと、まず淡いピンク色に変化していきます。最終的に

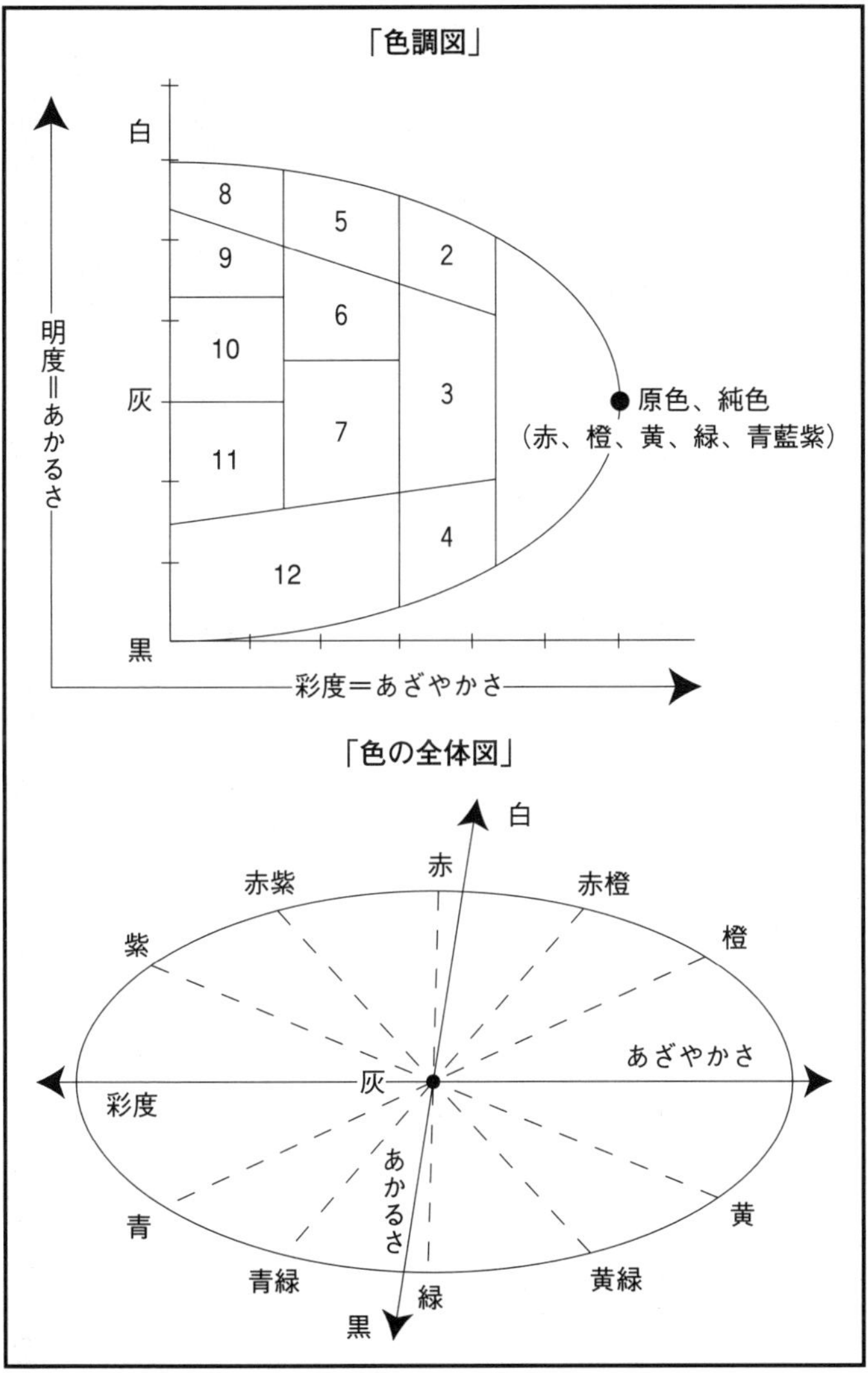
「色調図」
白
灰
黒
明度＝あかるさ
彩度＝あざやかさ
8
9
10
11
5
6
7
12
2
3
4
原色、純色
（赤、橙、黄、緑、青藍紫）
「色の全体図」
白
赤
赤紫
赤橙
紫
橙
あざやかさ
灰
彩度
あかるさ
青
黄
青緑
黄緑
緑
黒

図３

は、肉眼ではもう白としか判断できなくなってしまいます。このことから、色相は無彩色と有彩色との関係になるということがわかっていただけるでしょう。

そこで次に、明度を垂直線、彩度を水平線とし、その関係性を円環状に閉じますと、いわゆる色の三つの性質である色相・明度・彩度を三次元化した立方体となります。中心軸にいくほど彩度が低く、外側になるほど高くなっていく仕組みを球状思考でとらえることができます。

タテ軸が明度、ヨコ軸が彩度というわけです。

ところで、人が色を見ることができるのは光があるからです。光の波長の働きを借りて色の識別をしているのです。有彩色の赤は赤の波長の反射、黄は黄の波長の反射によって見ることができます。他の色の波長はその物体を通過してしまいますので見えません。無彩色の白はすべての有彩色を反射した状態です。その反対に、黒はすべての有彩色を吸収した状態です。

灰色は半分を吸収し、半分を反射した状態です。白↓灰↓黒の中間点は間隔の比率できまってくるのです。

この世とあの世の境目は赤紫色に包まれています

人の視覚感覚に残像現象というものがあります。この現象は、白紙の上にその白紙より小さい黄紙をのせ、二十〜三十秒の間まばたきしないで見つめてから黄紙を取りはずしますと、黄紙の面積だけ黄色の反対色である紫が浮き上がって見えます。このように正と反との関係を同時に認識させられるということは、色を見る心に相補的な循環性があるからでしょう。そして、私たちがものを立体的に見ることができるのは、じつはこの循環性があるからです。

男がいるには女がいなければならず、夫がいるには妻がいなければならず、表には裏がなければならないのと同様、色の世界も、それぞれの反対色がそれぞれの色を支えています。

一方、色を作りだす光のもととなる太陽光線は、赤紫を省いた赤から紫色までの直線状の刺激光、つまり、赤→橙→黄→緑→青→藍→紫という波長の順列でできていると言われています。人の目は、その刺激光である赤から紫までの範囲しか見ることができないはずです。

以上のことから判断しますと、赤と紫は波長の異なった反対側の波長ということになります。この両者を円環状に融合させない限り球状思考も証明できないこととなりますが、この単なる物理的な円環状の仕組みだけでは自然の摂理を語れません。私たちの周囲に目を向けてみても、極端に性質の違ったもの同士が入り混じって交流しています。色もこれと同じで、波長の異なった最極端の色の融合である〈赤紫〉を私たちは実際に見ることができます。

これはいったいなにを意味しているのでしょうか。

「嫌いな人」が好きになれたとき、人は悟りをひらき全体を把握できるのですが、この感情状態を色の世界で例えてみますと、赤と紫を混合した〈赤紫〉となります。

では、異なった最極端の色はどうすれば円環状にとらえることができるのでしょうか。色の波調に相違があるため、平面的な円環状ではなく次図のラセン状の形態を想像してみてください。ラセン状だと円環状にならないという矛盾につきあたりますが、ここで思い

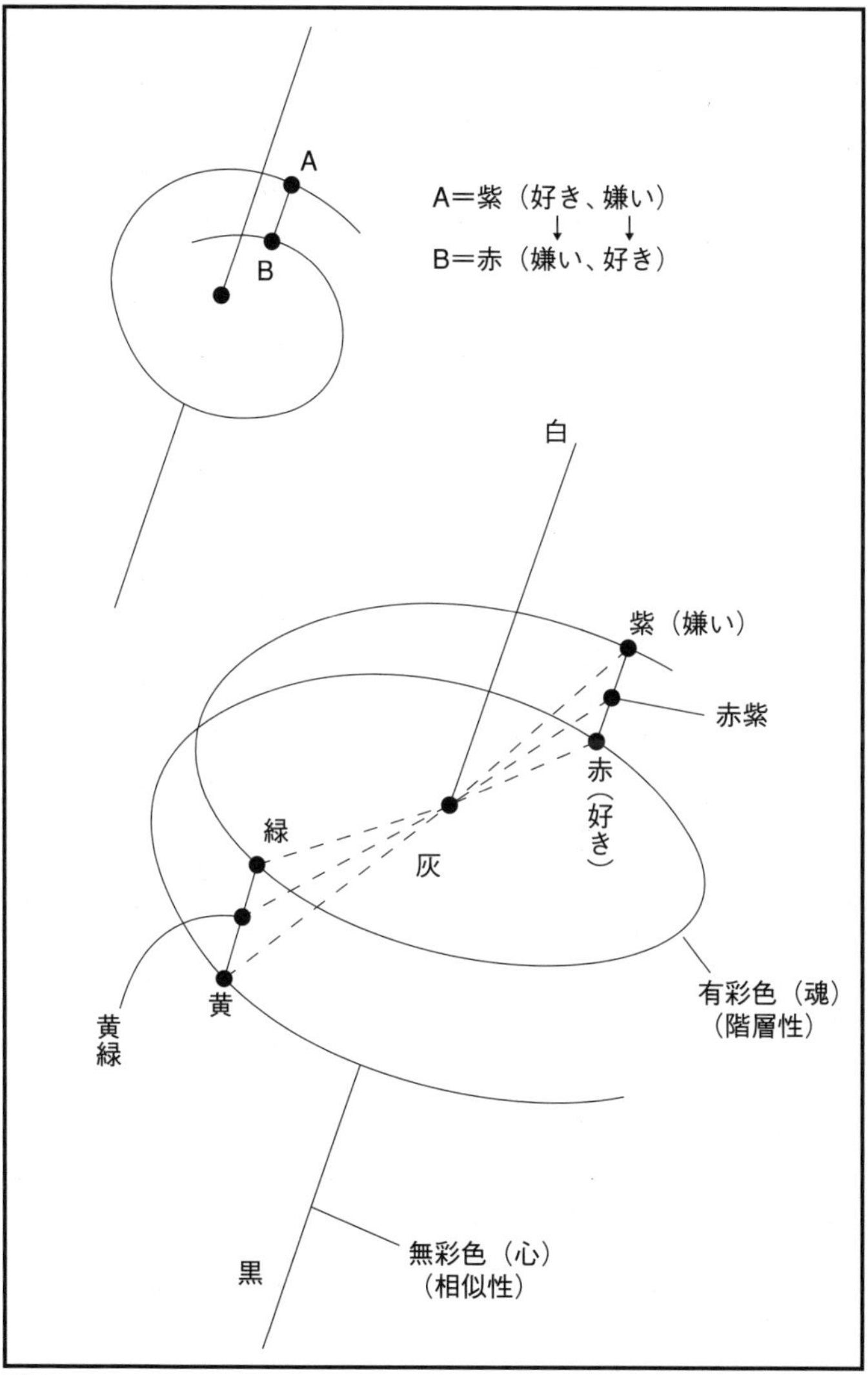
A
B
A＝紫（好き、嫌い）
↓ ↓
B＝赤（嫌い、好き）
白
紫（嫌い）
赤紫
赤（好き）
緑
灰
黄
黄緑
有彩色（魂）
（階層性）
黒
無彩色（心）
（相似性）

図4

返していただきたいのがタテ軸です。

人は色を見るとき、有彩色（ヨコ軸）でしか見ていません。つまり部分的関係でしか見ていません。それにひきかえ無彩色のタテ軸から見ますと、タテ軸はあらゆる光の波長の影響を感知していますから、色相全体の事情を知ることができます。

十字論では魂と肉体の相互作用が心であるとしていますが、対人関係の心魂のあり方を十字論でとらえてみますと、魂がヨコ軸で部分的となり、心はタテ軸で全体的となります。だから、心から見れば対人関係のすべてが理解できるのですが、色の世界もこれと同じことなのです。

そこで、ヨコ軸からタテ軸に入るには、〈図4〉で示したようにタテ軸関係で結ばれる赤紫色の入り口から入ることでタテ軸と合体でき、色の全体が理解できるのです。

私の場合、神言を唱えながら神界の指示を受けるとき、いつもやや赤味をおびた紫色、またはその反対色の黄金色の光が表れます。このとき私は、タテ軸とヨコ軸の交差点、あの世とこの世の境目、0地点に立っているのだと思います。私の想念の波長は神界と同調し、時間も空間も跳び超えた状態に没入しているのです。だからこそ、一瞬のうちに遠くの場所の様子や未来のことが感知できるのです。このときに見える赤紫色こそ、神界とこの世を結んでいる色だと考えられます。

注　神言＝教えの原理を象徴、もしくは代表する呪文のような言語。真言に同じ。著者の教えでは霊光精気《れいこうせいき》がそれにあたる。

おそらく、人類は古代からこのことを知っていたに違いありません。紫色が高貴な色とされるのも、きっとこうした経験が蓄積されてできたものだと思います。

ヨコ軸からタテ軸へ、またタテ軸からヨコ軸へ自由自在に移行することができれば、人は道のすべてに心が行き渡り、自然の理にも通じ、幸せな人生をかちとることができるのです。タテ軸は親子の関係、先祖との関係、自然の原理との関係を表しています。タテ軸の原理にそった正しい交流を実行することからすべては始まるのです。

ちなみに色の特質を心理学的に分類したものを挙げておきましょう。

・赤……元気、新鮮、熱い、暖かい、ロマンチック、革命、危険、通俗、下品、幸運、威厳、辛い。

・青……空、海、静か、冷淡、消極的、知的、誠実、若い。
・白……雲、雪、純粋、純潔、希望、喜び、平和、神聖、軽薄、空虚。
・黒……夜、烏《からす》、陰気、喪服、重厚、古い、古典的、不吉、悲哀、死、沈黙、敗北。
・緑……草、森、山、自然、健康的、純情、安息、平和、さわやか。
・黄……バナナ、たくあん、卵黄、カレー、枯れ葉、稲穂、愉快、陽、軽薄、おしゃべり、黄金。
・茶……お茶、紅茶、土、コーヒー、革、こげた色。
いかがでしょう。あなたの色に対する感覚とくらべてみてください。

第3章——宇宙は矛盾で構成されている

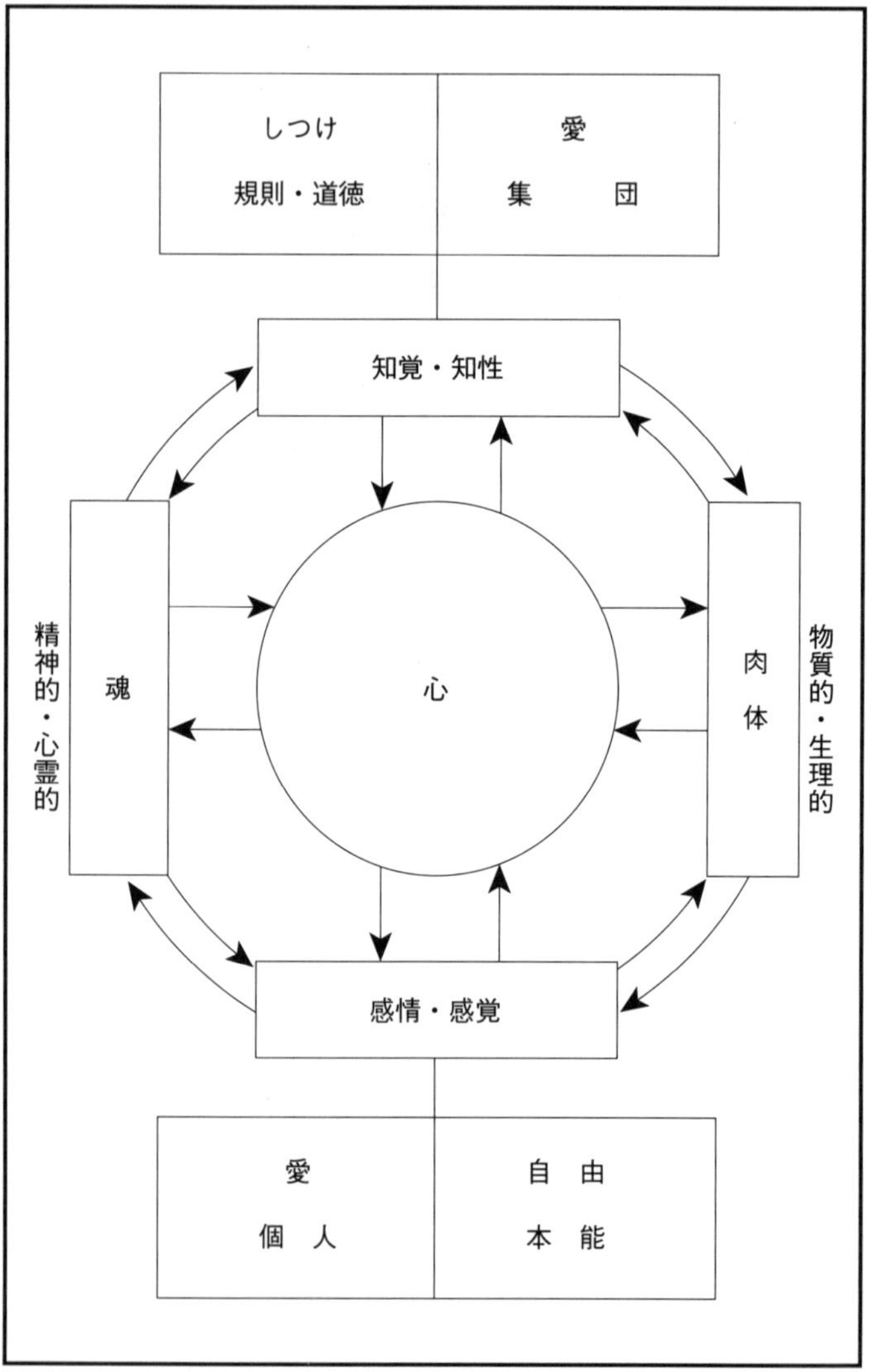
しつけ
規則・道徳
愛
集　団
知覚・知性
精神的・心霊的
魂
心
肉体
物質的・生理的
感情・感覚
愛
個　人
自　由
本　能
図5

心は魂と肉体の相互作用です

〈図５〉は、人を魂と肉体と心の三つに区分し、知覚・知性と感覚・感情などにどのように関わっているかを示した図です。

一般にはこのような場合、肉体と精神の二つに区分してあるのが普通です。例え魂をとりあげても、これから私がいうところのものとは大いに違います。精神世界の研究者の間でも、心、魂、幽体、霊体だと言ってはみても、まだ統一した考えがないのが現実です。

そこで、ここではまずそれをはっきりとしておきます。

人間は本来、魂と肉体で構成されています。そして、その相互作用で活動しています。その活動つまり働きを心と言います。また、心を霊、魂を幽と置き換えてもいいでしょう。しかし、本書では、心と魂にとどめておきます。

心変わりとは魂の進路変更です

ところでこのように三区分された人間は、図5の上枠の知覚・知性、下枠の感情・感覚の構図のなかで生活しています。

知覚・知性の領域は道徳、規律、宗教的なこと、感情・感覚の領域は芸術、文学などでそれぞれ代表されます。魂は精神的、心霊的な領域として認識され、肉体は物質的、生理的な領域として区分けできます。

以上を整理しますと、私たちは魂の枠、肉体の枠、知覚・知性の枠、感情・感覚の四枠の相互作用のなかで生活していることがわかります。心とはこの四面の相互作用の結果として、私たちの人生を動かすハンドルのように働いているわけです。心変わりという言葉がありますが、これは、四面の枠の相互作用の変化を表しています。言葉を換えて言いますと、魂がいままでとは違う枠の影響を強く受け、進路を変更したということになります。魂はいつもこのように揺れ動いているのです。

すべては光から創られています

次に、肉体・心・魂の関係をもっと詳しく、大宇宙の出発点から考えてみましょう。すでに述べました大宇宙の想像を再び思い出してください。想像を絶する高熱度・高密度の火の玉が大爆発（ビッグバン）を起こし、この宇宙は創造されたと推察されています。他にも説はありますが、本書ではビッグバン説で説明していきます。この熱の拡散により光が生まれ、宇宙が誕生しました。そして、この光（波）こそが物質を作り肉体を創ったと考えられています。

光が宇宙のすみずみに飛び散り森羅万象を作りだしたのですから、全宇宙は当然、同一の物質で満たされているはずです。

ところが現実はどうでしょう。人間を始めなにひとつ同じ物はありません。同質の物から異質の物が作られているのです。

これはいったいなにを物語っているのでしょうか。

波動が共鳴すれば遠隔地もはっきりと見えます

一般物理学・生物科学の分野では、これにつき、光からまず物質が創られ、その成長過程で偶然に精神的な物（心）が副産物的に発生したとしています。けれど、果たしてそうでしょうか。

超常現象の一つに、遠隔地のことがまるで肉眼で見るようにはっきりと見える現象があります。著者の体験では、この現象は幻覚・幻想の類ではなく、一〇〇％に近い的中率を示す不思議な映像の世界です。この世界は色の仕組みの所でも説明しましたが、紫色の波動の世界ではないかと思います。銀河・恒星・惑星・地球が互いに共鳴し合っている波動の世界だと考えられます。

人の念波がこの世界に至ると、距離も時間も関係のない領域に入ることができます。そして、この領域に入るには魂が四枠に抵抗なく対応したとき、つまり心が静まり魂が本来の魂に立ち返ったときに達成されるのです。

魂は宇宙エネルギーのレンズです

もう一度繰り返しますと、四枠に対する無抵抗状態が作りだした紫色の光が本来の魂を呼び起こし、高次元・四次元へのタイムトンネルを作りだすのです。このタイムトンネルこそ、大宇宙に共鳴している光（波動）です。思うだけで希望の地点に行くことができる便利なものです。その速さは、多分光速とは比べようもないほどのスピードと考えられます。

人の念波が紫色と同化し、念が遠隔地とつながったとき、魂は素早く時間も空間も飛び超え、目的地に着き、目的を果たして帰ってくることができるのです。

このことは、魂（意志）と心（働き）の共同作業だと、私は考えています。同質の物質（光の波動）から異質のいろいろな物（人・動物・植物・その他）ができあがったのは、宇宙の魂の意志です。私たちの魂は宇宙を構成しているひとこまとして、光と共に始めから存在していたのです。このように考えますと、魂（意志）・心（作用）・肉体（物質）

の区分が理解できるでしょう。宇宙のエネルギーが、魂というレンズを通して肉体を作ったのです。

共鳴は相似性から生まれます

物理学では、宇宙は相似性と階層性で充満している、としています。これは私流に言えば、宇宙は同質と異質で構成されているということになります。前に述べた考え（物質の成長過程で、精神的なものが副産物として誕生した）では、階層性は認められても、相似性は考えにくくなります。ところが、宇宙はインフレーションによって、一様に宇宙に広がったという最近の理論だと、この相似性の説明がつきます。これはとても大事なことです。

というのも、この相似性こそ共鳴感、共生感、共時性、共存を生み出す元だからです。この仕組みが、じつは宇宙に満遍なく広がっているのです。これが本来、宇宙の意識であり、意志だと思います。だから私たちは、魂が宇宙の意志と合致したとき、相似性という仕組みの中で時間も空間も跳び超えることができるのだと考えます。

奇跡の座は矛盾のなかにあります

では、こうした素晴らしい状況を生む魂と心の相互作用にどうしたら出会えるのでしょうか。それは、〈図５〉で示した四枠の相互作用のバランスが正しくとれて活動できるときに発見できると十字論では教えます。〈図５〉の四枠は互いに矛盾し合って成立していますが、この矛盾を統一して初めて見えてくるのです。

四枠の矛盾とは次のようなものです。

魂の枠は知覚・知性（規則・道徳）の枠、感情・感覚（芸術・文学）の枠と矛盾を起こしています。魂を宿命的なものと固定すると自由意志がすべて否定されるからです。自由意志が否定されるということは、芸術・文学・規則・道徳も発生しませんし、その努力すら湧いてこないこととなります。

また魂は、宿命的な性質の他に妄想的な性質も合わせ持っています。この性質は科学性を無視する傾向があります。妄想的とは幻想や幻覚におちいりやすい性質を持っているということです。肉体がその性質として本来備えている唯物的な科学性と矛盾することになるわけです。こうした矛盾は肉体と知覚・知性、感情・感覚の枠にも同様に存在します。規律・道徳・芸術・文学にとり、肉体の持つ科学的性質は論理的・分析的であるが故に、全体を分散させ、統一を阻害し、バランスを崩壊させる危険を孕んでいます。また、知性の枠と感情の枠は互いに反対方向を向き合っている性質を持ち、矛盾そのものです。

というわけで、四つの枠は互いに矛盾し合っています。この矛盾の中心に〈心の座〉がありますが、この座こそが紫の光が輝く場です。共鳴音の発する場、相似的宇宙の基底に通じるタイムトンネルの入口です。

すべては矛盾の力で成立しています

けれど、誤解していただきたくないことは、私は矛盾を否定しているのではないということです。いままで述べてきた矛盾を、逆に心の側からのぞいてみますと、この四つの枠の矛盾は、人間と人間社会を構成するのになくてはならないものです。物理学で言う階層性・異質性にあてはまるものでしょう。心の座という相似性と四枠の階層性の矛盾した関係、これこそが現実の姿なのです。

けれども、このような矛盾は日常生活には滅多に現れてはきません。色の仕組みの所で説明したように、反対の色の力を借りないとその色を識別できないのが人間です。また、すべてのものは、矛盾という反対の性質・性格の力を借りなければ成立しないようになっているのです。この理を悟り、一点に集中しきったとき、矛盾は消え失せ〈神業〉に遭遇することができます。この理はなかなか理解しにくいでしょう。でも、神に会いに行ける道だとしたら知っておかねばなりません。その道理を意識の用い方で説明してみましょう。

二十一世紀は潜在能力の活用時代です

意識は顕在意識と潜在意識に分けられます。顕在意識は平面的です。それに引き換え、潜在意識は球体となっています。この球状の潜在意識が充分に活動していないと人生もおもわしくないのです。海面に浮かんだ氷山を想像してください。海面上の部分を顕在意識とすれば、海面下の氷の塊が潜在意識です。これを心の塊ととらえると、海面下の部分の量のほうが圧倒的に多いのです。つまり、顕在意識は潜在意識によって支えられていると考えたほうが自然です。ここでもう一度断っておきますが、海面に浮かんでいる部分と沈んでいる部分の両方を合わせたものが氷山です。私たちの世界もこれと同様です。恐らく二十一世紀はこの潜在意識の活用時代に入ることでしょう。記憶力・想像力・思考力・推理力などの働きが急激に高揚してくるだろうということをお伝えしておきます。

適応性が高まれば超能力が出現します

〈図6〉は〈図2〉と〈図5〉を重ね合わせたものです。〈図2〉で言いますと円の左半分が不合理の領域、中心の小さい円が総合合理の領域となります。〈図5〉で言いますと、大きい円の左半分が魂の枠で、右半分が肉体の枠となります。中心部の小さな円は心

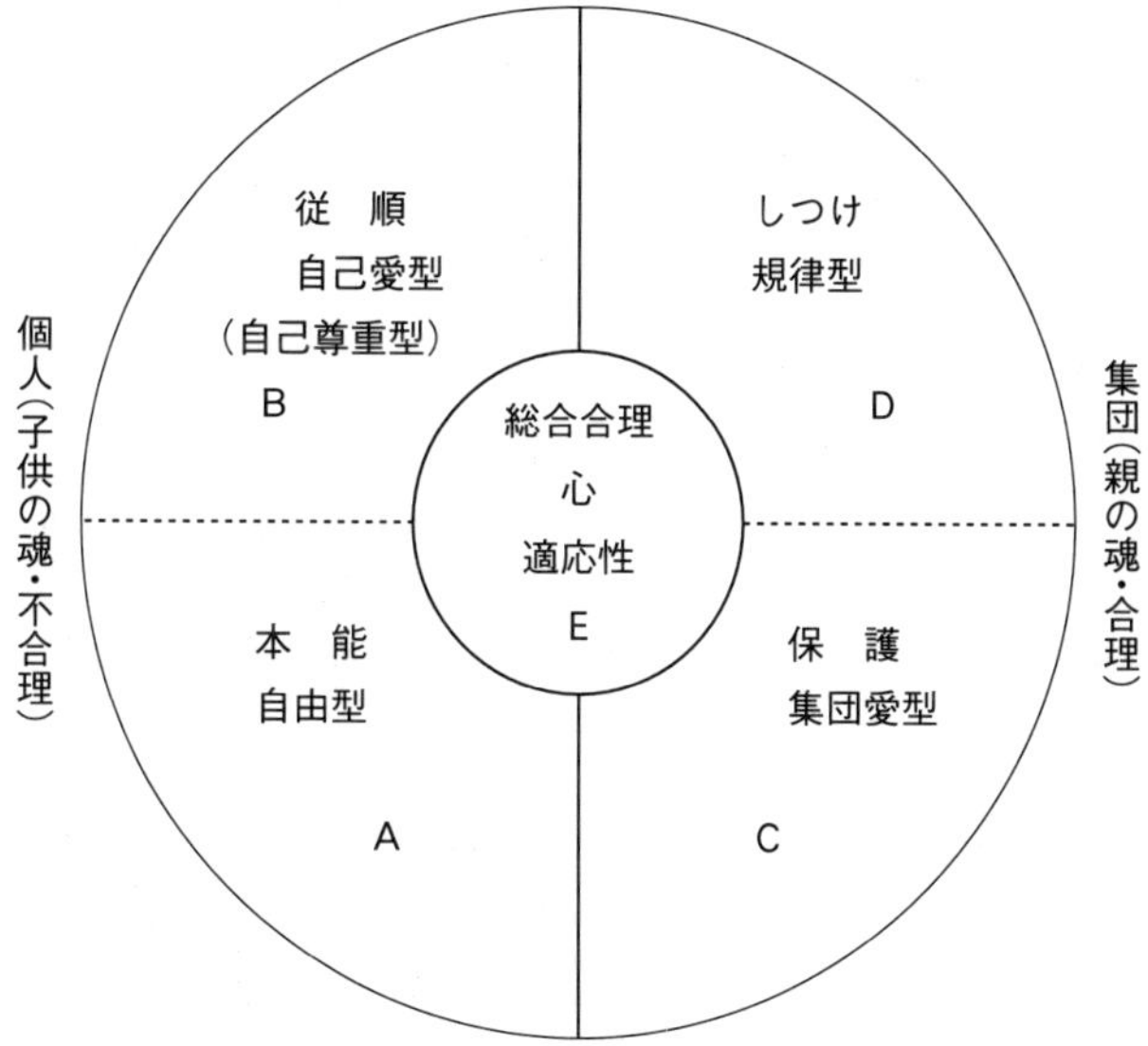
個人(子供の魂・不合理)
従 順
自己愛型
(自己尊重型)
B
しつけ
規律型
D
集団(親の魂・合理)
総合合理
心
適応性
E
本 能
自由型
A
保 護
集団愛型
C

図6

の座となります。したがって、規則・しつけ・集団愛は大きな円の右半分に、本能・自由・自己愛は左半分にあてはまります。中心部の円が適応性ということになります。〈図2・5〉の内容を備えた〈図6〉を基に、集団と個人と魂の対応関係を検証し、どうしたら社会への適応性が高まっていくのかを検討してみましょう。適応性が高まるということは、運命の好転はもちろん、病気の治療、超能力の開発も可能な状態と考えてください。〈図6〉では本能・自由型をA枠、従順・自己愛型をB枠、保護・集団愛型をC枠、しつけ・規則型をD枠、中心の適応性をE枠とします。したがって、これからは各枠の名称を記号で呼んでいくこととします。この五つの区分は大変に重要ですので、内容と共に明確に記憶しておいてください。

もともと強い魂と弱い魂があります

五枠の内容と関係の説明を始める前に、〈図6〉の概要を解説しておきましょう。まず、この円盤図は人の魂の修業の道筋を示すために作ったものです。過去・現在・未来を見通せる菩薩行、無の心境に到達する如来行、超常現象を呼び起こす能力の開発を内蔵した設計図です。

ところで魂はこうしたさまざまな働きを潜在させている円盤図のE枠から誕生して、まずA枠に住みつきます。そして、B→C→D→Eの順に修業の旅をスタートさせます。その旅路には喜怒哀楽が待ち受けているわけですが、運命の強い魂は怒哀の境遇に出会うことが余りありません。その反対に、弱い人は喜と楽に出会うことが少なく、悪い運命に巻き込まれることが多いのです。悪い星の下に生まれたという言葉がピッタリといえるでしょう。

どうしてこのような違いが出てしまうのでしょうか。偶然だ、の一言で片付けてしまうのも一つの方法でしょうが、それだけでは間違っています。運命の原因を追求しなければ、いつまでたっても運命のなんたるかを知ることもできませんし、前進もありません。

正しい交流が運命を変えます

ところで、魂は円盤のE枠から誕生します。E枠とは総合合理の枠です。総合合理とは合理と不合理の接点です。陰陽の接点でもあります。陰陽は男女とも置き換えられます。つまり、男女・両親の接点であり共鳴点とも考えられます。魂はそこから生まれてくるのです。ですから当然、両親の業を背負って生まれてくることになります。また、この魂を生んだ親も、例外なくそのまた親の業を背負って誕生してきています。こうして、業は引き継がれてくるのです。

ですから、親の旅がよければ子供の魂もまたよい旅となります。よい旅とは、魂の正しい交流のことです。個の魂と集団の魂の正しい交流のことです。この正しい交流こそが運命の善悪を決定する鍵であり、私たちが自分の手でトライし、改善することができる範囲なのです。

悪い星の下に生まれたとは親の業が悪かったことであり、その親もまた先祖の業に泣かされているわけです。しかし、現実はどうでしょう。親は立派だが子供はぐうたらとか、その逆の話をよく聞きます。

これは親の善行に甘えた子供が堕落しただけの姿です。もちろんその逆もあります。ここから一つのことが見えてきます。それは、先祖代々引き継がれてきた業も、その人の努力次第で変化させることができるということです。その努力の仕方をわかりやすく示唆しているのが〈図6〉です。

本音と建て前は、個と集の関係です

〈図6〉の五枠を説明していきましょう。

A枠、B枠は個人的魂の活動、つまり個人対個人の交流に重点を置いた魂の活動領域を示したものです。C枠、D枠は集団的魂の活動、個人対集団の交流にポイントを置いた魂の活動領域を示しています。

E枠はA・B・C・Dの四枠の相互作用の総合と統一の場、つまり、個人的魂と集団的魂の交流の結果を示しています。

さらに説明を加えますと、円盤下部のA枠・C枠はプライベートな性格を持ちます。A枠は個人的な秘密、C枠は集団的な秘密を示しています。同様に、B枠・D枠はA枠・C枠とは逆にパブリックな性格を持っています。

これを別の表現で言いますと、A枠・C枠は〈本音〉の場、B枠とD枠は〈建て前〉の場ということになります。

魂はまず本能的に暮らし始めます

ところで、魂はこの五枠をどのようにたどって成長していくのでしょうか。まず魂は神(自然)の力を得てE枠から誕生し、両親の心の影響を受けて最初の居住地・A枠の住人となります。この世の認識が高まるにつれ、魂は次第に前世の記憶を忘れていくのが普通です。ところがなかにはまれに、前世の記憶を持ったまま成長する人がいます。生まれつき霊視能力を持っている人がそれですが、それでも、たいていはその能力も小学校の半ばまでには消えてしまいます。

魂は普通、自分が何者かを全くわからずに、まずA枠の住人となります。自分のことがわからないということは、他人のこともわからないということです。本人も他人も理解できない暗黒の世界で本能的に暮らし始めることとなります。

興味深いことに、このA枠の世界は、アメリカの二人の心理学者が提唱している〈ジョハリの窓〉の「暗い窓」にぴたりと一致します。

注　ジョハリの窓＝自分でわかっていても他人にはわかってもらえない「隠された窓」、他人がわかっていても自分がわかっていない「盲目の窓」、自分にも他人にもわからない「暗い窓」、自分も他人も知っている「明るい窓」の四つを言う。ジョセフとハリーが共同で作ったもので、二人の名をとって命名されている。

心理学的表現をすれば本能は潜在意識です。精神学的表現をすれば超潜在感覚もしくは超意識にあたります。いずれにしても人知では注釈できない領域です。この世に生み出された魂はこのような状況の中で、B・C・Dの枠、つまり他の魂の影響を受けつつ、暗中模索の修業をスタートさせるのです。

建て前とは従順の心を学ぶことです

A枠の魂は、いわば本能として自由奔放の性質を持っています。この性質は当然ながら他の枠の拘束を受け、ジレンマに悩まされることとなります。これがこの世の修業の第一歩です。自由と拘束という矛盾した二面性の活動を修得していくわけですが、この領域はプライベートの特徴を持っています。赤ん坊や幼児のしつけを考えていただければわかるかと思います。これがA枠の役目、魂の交流の最初の修業ということになります。

ではB枠はどうなのでしょう。

A枠というプライベートの領域で、家庭的にまた秘密的に育てられてきた魂が、いよいよ他の家庭の魂と交流を開始するわけです。ところがパブリックな世界では、いままでのような自己主張ばかりだと、スムーズな交流はできません。秘密性をはぎとられ従順性を要求されることとなります。そこで、つい〈本音〉を言わず、うわべだけの〈建て前〉主義になりがちです。これがB枠です。

従順とは本音が見えないことです

そこで、従順が交流の必要条件になるわけですが、従順とは自己愛の表れそのものです。自己愛の深浅が従順の度合いを決定します。従順の度合いは、A枠時代の魂のしつけ・修業・生活状態に原因があります。自己愛が強すぎればエゴにつながり、従順も度をすぎれば自己破滅となります。そうならないためには、ほどほどのところで「ノー」のサインをださなければいけません。人生に大切なYESとNOを修得する役目を担っているのがB枠です。

もう少し詳しく説明しておきましょう。相手に従順であるということは、相手から見れば、こちら側の内面（本音）が見えない領域にあることになります。例え見えているように思えても、それは相手側の推理・推測の域を出ません。ですから結果的に食い違いが生じてしまいます。互いの気持ちがわからない者同士が、リードしリードされる交流をしようとしても、うまくいきっこないのは当然です。ですからリードされる側は、相手に自分が見えていないことをいち早く察して意思表示をすることです。またリードする側は相手を理解できていないことを認識し、相手の話をよく聞くことで立派なリードが可能になります。そして、わかり合えない矛盾を統合させることができるようになったら、これでB枠の修業も完成です。この枠もまた〈ジョハリの窓〉の「隠れた窓」とぴたりと符合しています。

保護愛もときには盲目の愛になります

C枠に進めば、いよいよここは保護と集団愛の領域です。国家集団・会社集団・家庭集団など、A枠とは若干異なりますが、やはり、仲間うちといったようなプライベートな性質を帯びた世界です。

B枠では正しい従順を目的とした個人と個人の魂の交流の世界であり、狭く深くなるのに対し、ここC枠での交流は浅く広くが特徴となってきます。

つまりB枠のときは、親友などのような特定の人との交流だったのに対し、C枠では不特定多数の人との交流となります。

例えば、同窓会や県人会という集団です。

おかしな言い方ですが先輩・後輩など、知っている人はよく知っているけれど、不特定多数の知らない人もたくさんいるという世界で、プライベートとパブリックが入りまじった領域です。

そんななかで正しい魂の交流をするためには、どうしても、恩師や先輩の保護と集団愛なしにはやっていけません。じつにめまぐるしい世界となります。研修時代・見習い時代・学生時代などを考えてみるとよくわかると思います。受験地獄や教育研修など、どれをとっても保護愛・集団愛なしには一歩も進めません。たっぷりの保護愛を享受し、改めて感謝を知らされる世界でもあるのです。

もう一つの言い方をすれば、保護の世界とは保護する相手には見えていても保護される自分には全く見えない世界です。保護の愛を受けつつ未知なるものを知り、理解し、多くの魂との交流を訓練する世界です。これがC枠です。このような保護愛が、ときにはいわゆる盲目の愛を作りだすことさえあります。これもまた、〈ジョハリの四つの窓〉の「盲目の愛」と符合しています。

ここで忘れてならないことは、C枠には同時に困難な競争もあるということです。例えば、ふだんは仲のいい同僚であっても、企業という組織からすれば、ポストを争う者同士というわけです。つまり保護愛と競争の二面が同時に存在する領域です。C枠の役目はこの矛盾を統一する訓練の場以外のなにものでもないでしょう。

規律は明るい世界の約束ごとです

次はD枠です。この領域はいままで注意深くA～Cをたどってきた人ならば、ある程度は想像できるでしょう。パブリックな性質そのものの世界です。全く秘密を含まないしつけと規律の領域です。個人や集団の欲望を拘束し、魂たちにとっては居心地の悪い好ましくないゾーンです。しかし現実には、その好まざるしつけや規律が、私たちの生活を守ってくれているのです。

個人の交流で言えば約束ごと、会社で言えば契約書といったものがそれに当たります。

相手にも本人にも見える明るい世界で、これも〈ジョハリの四つの窓〉でいう「明るい窓」にぴったりです。

一方、この明るい世界には恐ろしい絶対的な権力の世界がひそんでいます。それは契約違反にたいするペナルティです。守られるべきものや実行されるべき約束が破られたとき、必ず、なんらかの形での補償という行為が厳しく要求されます。人の生活を守るためにある権力としつけ・規律が両刃の剣として交流し合って魂を修練させます。D枠は魂の生活を維持し、かつ守る最後の砦です。

奇跡は突然に出現します

最後のE枠はA・B・C・D枠を統一した完全な大人の世界です。魂の誕生の地であると同時に故郷です。適応の窓であり、大人の心の窓であり、総合合理の場であり、神の鎮座する領域であり、四次元への入口です。

また、A・B・C・Dの各枠の基盤であり、それぞれの枠の矛盾を消滅させる統一の領域です。ここはもはや魂の訓練の場ではなく、神に抱かれた安らかな心の世界です。裏の世界の扉を開き、運命の大転換をもたらす奇跡が突然に現れる領域です。

第4章──運命転換を分析する

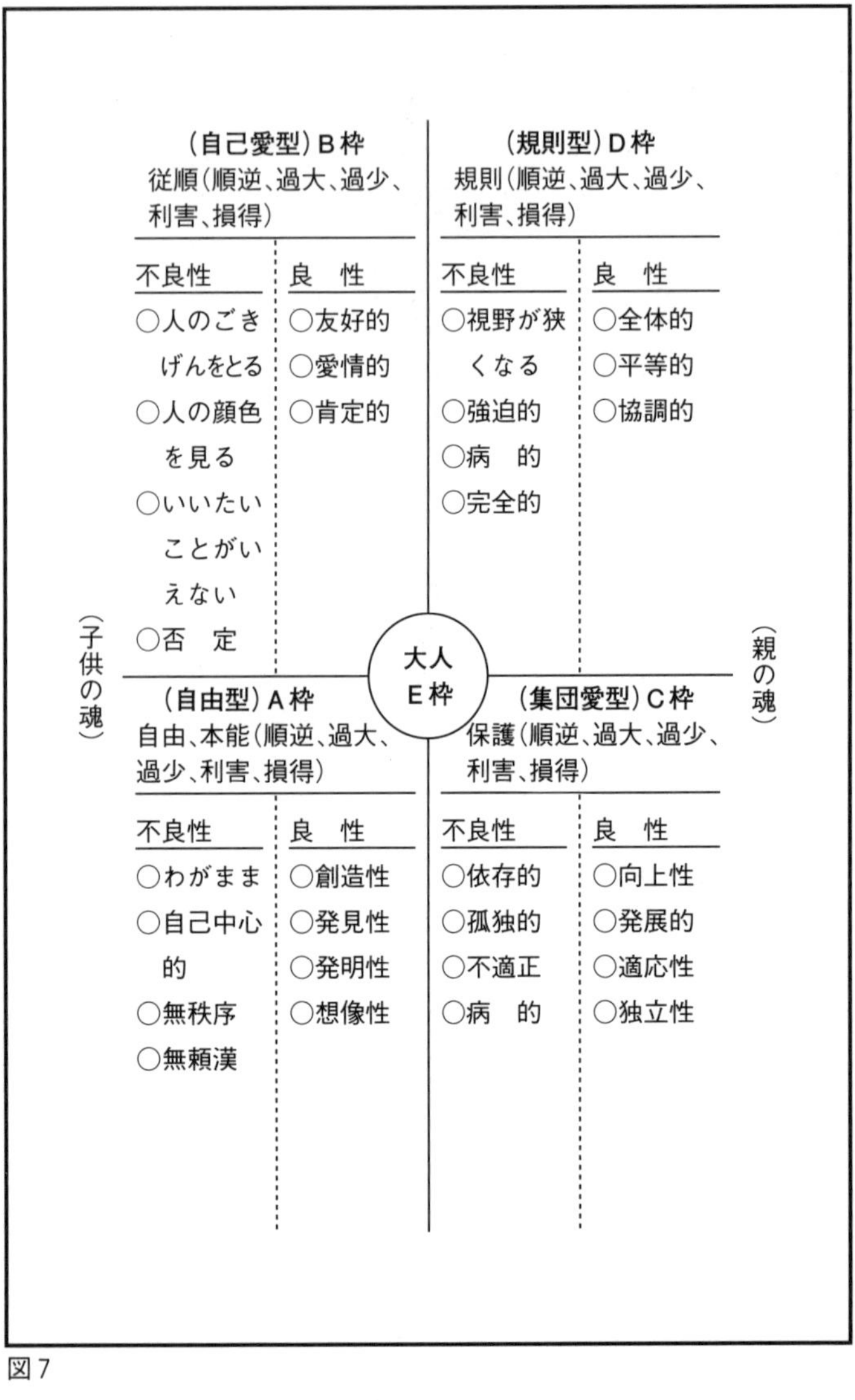
(自己愛型)B枠
従順(順逆、過大、過少、利害、損得)
不良性
○人のごきげんをとる
○人の顔色を見る
○いいたいことがいえない
○否　定
良　性
○友好的
○愛情的
○肯定的
(規則型)D枠
規則(順逆、過大、過少、利害、損得)
不良性
○視野が狭くなる
○強迫的
○病　的
○完全的
良　性
○全体的
○平等的
○協調的
(子供の魂)
大人
E枠
(親の魂)
(自由型)A枠
自由、本能(順逆、過大、過少、利害、損得)
不良性
○わがまま
○自己中心的
○無秩序
○無頼漢
良　性
○創造性
○発見性
○発明性
○想像性
(集団愛型)C枠
保護(順逆、過大、過少、利害、損得)
不良性
○依存的
○孤独的
○不適正
○病　的
良　性
○向上性
○発展的
○適応性
○独立性
図 7

この世は魂の交流世界です

〈図７〉の解説に入る前に少し説明しておきたいことがあります。

それは、何故、私が人の魂の社会適応性を厳しく追求しようとしているかということです。

〈はじめに〉で申しあげたことの繰り返しになりますが、「ハッピー人生」を手にすることが本書の目的です。

それを実現してくれるのが〈社会適応性の高揚〉だからです。その真髄を極めれば、いわゆる超能力の開発も可能となる一石二鳥の原点だからです。

しかし、社会との適応性を高めるといっても、誤解しないでいただきたいのは社会というものの考え方です。社会は単なる物質的な現象界ではありません。魂の交流が主となっている世界を指し示しています。

簡単に言えば魂同士の対応問題、対人問題の世界です。

十字論は魂の混乱を整理する教えです

じつはこの魂の交流が頭の痛い話なのです。対人関係の難しさはどなたも体験済みのことでしょう。一朝一夕に悩みを解決しようとしても、なかなかそうはいきません。ちょっとした誤解がもとで事業に失敗したり、愛情関係がもつれたりと、エピソードを挙げるとなると枚挙に暇がありません。仮にこれらの問題がすべてうまくいっているとしたらどうでしょう。想像するだに、私たちの運命はさぞかしバラ色に輝いているだろうことはどなたも簡単に予想できるものと思います。人はこれを奇跡といわざるを得ないでしょう。まさに〈ハッピー人生〉の世界です。この幸福の世界を誰もがつかむために編み出された考え方が〈十字論〉なのです。どうぞこのことを肝に銘じて先へお進みください。

ところで、いままではA・B・C・D・Eの五つの領域の役目や対応法について説明してきました。しかし、もうおわかりのようにじつはこの各枠はそれぞれ独立しているわけではありません。相互に絡み合って構成されています。その複雑な仕組みを、この章では総合的に検討してみましょう。

魂のサラサラした活動は無の心境に似ています

まず交流のポイントを挙げればこんな言い方ができます。魂が五枠の役目になめらかに対応でき、サラサラとした活動が行えたとき、適応性の高揚が起こるのだと……。それも漸次に起こるのではなく、あるとき突然起こり始め、比較的短期間で一気に高揚するのです。

〈サラサラとした活動〉とは、簡単に言えば無の境地といってもいいでしょう。ひっかかりのない世界と言えます。

無の心境を作りだすのに、昔からの方法で座禅とか瞑想があります。しかし、このいずれも、社会適応性の高揚という角度から見た場合、根本的な問題解決にはなりません。興奮した心の動揺を鎮め、新たな考えを発見するには役立つかもしれませんが、興奮した心の原因をさがしださない限り、問題解決はできません。さらに言えば、解決策を見出したとしても、いざ実行するとなるとどうでしょうか。心が乱れた原因がわかっていないのですから、また同じ失敗を繰り返してしまう恐れが多分にあります。

座禅や瞑想では恨み心はなかなか消えません

もし、こうした方法に効用があるとするなら、社会のいろいろな問題はもっともっと減っていいと思うのですが、実際はどうでしょう。残念ながら増えることはあっても一向に少なくなっていません。

このように考えますと、座禅や瞑想は心の興奮状態を一時は鎮めるのに役立つものの、人の魂の交流の根本的な解決にはなっていないと考えられます。社会適応が「サラサラ」になるには、悲しみ・ねたみ、ひがみ・羨《うらや》み・呪い・怒り・恨み・不平・不満・疑い・不安・心配などが心に満ちていてはなれっこありません。これらの心を自分の内から消し去ることが、どれほど神業に等しい因果なことかは言うまでもありませんが、「十字論」こそ、この最も困難な部分、つまり心の悩みを解消させることを本題とし、その結果、輝かしい幸福な人生を獲得する法を目指している教えなのです。

たいていの人は自己流の善悪基準で判断しています

人は物事を判断するとき、ほとんどが、善悪・正邪を物差しにして検討を進めます。善悪・正邪という考え方が一概に悪いわけではありませんが、この考え方の基準は大変に複雑で、使い方を誤ると、とんでもない方向へ進んでいってしまいます。

例えば、これは体にいいからと、たらふく食べさせたり飲ませたりしたら結果は肥満症となります。かえって抵抗力のない弱い体を作ってしまいます。また、風邪をひかないようにと、ふくら雀のように服を着せていると、しょっちゅう風邪をひく子にしてしまいます。勉強のできない子に勉強を強要して病弱な子にしてしまったり、成績があがったらあがったで、今度は高慢な子にしてしまったりなど、せっかくの善意の心が、笑うに笑えない残念な結果を作り出すことがあちこちで見受けられます。

その他、国民の幸せのために我が神の真意に基づきいざ戦いを、などと自由な論争が行われているうちはまだいいのですが、だんだん引っ込みがつかなくなって、正義の御旗の下に実際に戦争を始め、残酷な殺戮を繰り返すという出来事が世界中で現実に起こっています。じつに恐ろしい話です。

これらはどれも善悪・正邪の基準の判断を誤ったためです。たいていの人が善悪・正邪の基準を自己流に振り回しますが、この基準は非常に難しいものだということを、改めてよくよく心に刻みつけておくことが大切です。

はっきり言えば、この物差しを間違うことなく使える人は聖者といえる人です。我々一般には荷がかちすぎます。十字論ではいわゆる正邪の剣はひとまず横に置き、わかりやすく、私たちに直接関係のある利害・損得の物差しと魂の正しい交流について話を進めていきます。

良・不良は便宜の言葉です

E枠から生まれた魂はまずA枠へと旅立ちます。

A枠に〈良性〉〈不良性〉という言葉が記してありますが、これは社会の窓から照らしてみて、魂を二つの違った性質に分類したものです。この性質はあくまで他のB、C、D、E枠の窓からみた判断の言葉であり、魂そのものの性質を、良とか不良としているのではありません。

例えば、あのアフリカのサバンナで、シマウマがライオンに食い殺される場面を目撃すれば、たいていの人がシマウマを可哀想にと思い、ライオンを無慈悲な奴と思うでしょうが、この感想は彼らにとってはなんの意味もありません。こうした生き方が彼らには自然だからです。

これと同様に、わがまま、自己中心的、無秩序、無頼漢などという言葉は、文明社会に対応して発生した言葉であり、生きるための便宜として生まれたものです。ですから、魂の世界を語るには、本当はもっと別の原理をもった言葉があればいいのですが、それは現在では無理なことです。

そこで、私たちが普段使っている言葉でとりあえず魂の性質を便宜的に区分しているものと考えてください。ここの所をしっかりと把握しておかないと、十字論全体の理解を誤ってしまいます。

視野の狭い完全主義は頑固者を育てます

ところで、A枠に到達した魂は、その性質である自由な欲求にしたがって行動しようとします。ですが、B枠の自己愛、C枠の保護愛・集団愛、D枠の規則・しつけなどの影響を受け、行動を拘束されます。とくにD枠の規則は強烈な拘束力をおよぼします。こうした影響が、自由な本能（心）そのままであるA枠の魂を良性にも不良性にもします。

例えば、D枠の規則・しつけの影響が社会的視野の狭い完全主義や脅迫的な観念主義であったならどうでしょう。A枠の魂はその自由性を極端に奪われてしまいます。自由という性質が本来備えている創造性が抑えつけられ、コントロールなしにはなにもできない頑固で融通のきかない魂となってしまいます。規則やしつけは魂を良化させるのが目的であるにもかかわらず、その判断基準および使い方を誤ったため、不活性な不良化した魂たちを作り出してしまったのです。残念なことに、私たちは身近でそんな人たちを見ることができます。

社会適応の原則は個と集の統一です

魂本来のエネルギーを発揮させるには、過大な規則・しつけでもいけません。また過小でもいけません。これはB枠、C枠でも同様です。その結果、各枠とA枠との相互作用は次のような状況を生み出します。本人（個人）にとっての利得は集団にとって損害となり、集団にとっての利得は個人にとっての損害となります。魂の不良性は個人にとっておおむね利得ですが、相手にとっては損害となります。当然、良性の場合はこの逆です。〈図7〉でもわかるように、こうした関係かすべてにわたって基本となっています。

A枠の魂の〈良性化〉〈不良性化〉は、各枠からA枠への影響度次第で変わります。それは過大・過小、順逆の原則次第です。過大・過小は他の枠からの影響度、順逆はA枠の魂の姿勢を表しています。A枠の魂は利害・損得で他の枠に対応しますが、順ずれば〈良性〉となり、逆らえば〈不良性〉ということです。この順逆はまた過大・過小によって影響を受けます。これがA枠の魂の働きです。

感覚的に言えば、不良性は一見個人のためにならず、良性は頼もしく見えます。ですが良性とは、社会・集団・相手などからの束縛という代償を払っているわけで、基本的には個人にとって損害となっています。このことを踏まえないと、いつまでたっても、魂の良性・不良性や利害・損得の本当の姿が見えてきませんので、よくよく確認してください。

ところで、良性が好ましく思えるのは理由があります。それはここに個人と集団の〈統一の原理〉が働いているからにほかなりません。ですから、幸福をつかむには社会適応性の高揚（個人と集団の統一）が肝心です。この統一の原理こそが適応性を高める基本要因です。魂の利害・得失だけで判断をすれば損をこうむっていますが、この損失は、じつは魂にとってのサラサラとした交流の試みなのです。

私たちはもともと欲深い生き物です

次はB枠の自己愛・従順の説明に移りましょう。

この枠での魂の活動は、他の魂に従順に適応する訓練をすることと、自己尊重つまり自己愛を学ぶことにつきます。他人に従順に適応する心と、自己愛・自己尊重の心とは一見矛盾するように思えますがそうではありません。自己を愛せるという人は、愛する心を知っている人であり他人を愛する能力を備えている人です。その反面、自己を愛することができない人は、結局、他人も愛せません。

自己を愛せる人は、相手の自己愛の心にも従順な適応性を生みだすことができます。ところが、この〈愛〉もじつは、欲に深く関わっています。相手を深くいとおしく思っているつもりでいても、その心の裏側をのぞいてみますと、本当は自己の愛欲・利害・損得の都合で相手を愛したり、相手にしたがったりしていることが圧倒的に多いのです。きっと、身につまされる経験をなさった人も多いことでしょう。自己の欲を抱かず、人のためにつくす、したがう、愛するということは並の人には、なかなかできるものではありません。

あの菩薩でさえ煩悩を一度は捨て去り、再度、煩悩を我が身に備え、そして悩める衆生を救おうとこの世に降りてこられたほどです。菩薩ですら自己の欲望をきれいに捨てさることができなかったほど、欲は私たちの心の奥底にこびりついているものなのです。考えようによっては、生きる意欲さえ欲の一つです。私たち凡人が欲に満ち溢れているのは当然のことです。これを自覚するだけでも、私たちは自分の欲望とのつきあい方が大きく変わります。

おりこうさんは従順の心が過大です

本題のB枠での魂の動きですが、これはA枠と同様に、自分の利害・損得を基本に、過大・過小・順逆をコントロールし、良性・不良性の働きを選択していくことです。

従順が過大から生まれたとすると、人のご機嫌をとることばかりを気にしたり、人の顔色を見たり、言いたいことも言えず自分一人で苦しむこととなります。また過小ですと、交流が極端に乏しくなったり、人の心の機微を見落とし、友情をそこねたりします。深い交際ができにくい心となってしまいます。状況を的確に判断し、従順さの過不足がうまくコントロールできればいいのですが、これがまた難しいことです。注意深く魂の交流を図らなければ実行不可能です。ましてA枠での魂のしつけに問題が多かったとすれば、その影響を引きずったB枠の魂の活動はたいへんに窮屈なものとなります。人生は混乱し、果ては破滅さえ考えられます。

例えば、A枠でのしつけが厳しすぎて自己主張の乏しい魂だと、B枠での魂の活動は、まず元気のない不活性なものになります。このような魂は一般には〈おりこうさん〉としてほめられるタイプの子供が多いものです。〈おりこうさん〉が悪いのではありません。いうまでもなく、その中身が問題なのですが、すでに述べた通り、このタイプの子供は人のご機嫌をとったり、顔色をみたり、主張すべきことも言えない子供ということです。これでは将来、大人としての役目を果たすことが困難な人に育ってしまいます。

メンツの裏にも欲が潜んでいます

道徳心や宗教心は立派な心に違いありませんが、一つ間違って解釈したり教えを振り回したりし過ぎると、たいていは子供の魂を抑圧してしまいます。〈おりこうさん〉過ぎる魂を育てることになりがちです。立派なことを実行するのは大変素晴らしいことですが、それだけに難しいことです。いったん口に出してしまうと、やらなければという思いが募って、かえって自分を苦しい状況に追いこんでしまいます。そんな場合は、なるべく腹の中にその立派な考えを納めておき、日々の修業の教えとして少しずつ習得していけばいいのです。そうすれば、魂の交流が無理なくスムーズに行われます。

いわゆる立派なこととは、利害・損得の視点からみると、集団に対しては利、自己には損害となります。腹の中にしまっておいたほうが得策です。嘘つきにもならずにすみます。

また、魂の交流が例えトラブルを起こしたとしても、そのときは、日頃腹に貯金していた立派なものを、トラブル分だけおろして使えばたいていは解決します。こんなセリフをよく聞きます。トラブルが発生したとき、

「これは金銭の問題じゃない。メンツの問題だ……」

このセリフは、一見金銭という欲の問題ではないように受け取れますが、じつはこれが大違いです。裏にはたっぷりとした欲が潜んでいるものです。ですから、トラブルが発生

したなら、日頃から腹にためていた〈利益〉、つまり良性の心を出していけばいいのです。なにも出さなくて名誉回復といっても、当然、相手は納得しません。具体的にはそれ相応の金額を出して、それで駄目なら従順の心で対応し詫びるのです。こうすることで、すべてが解決するようになっているのが世間の仕組みです。

「詫びてすむことではありませんが、本当にすみません」

と、詫び、トラブルを修復する以外に策はないのです。

ですが、これで解決しないとなると事は面倒です。結論から言えば、命のやりとりしか残されていません。昔は上官の一声で、無礼討ち、絞首刑、切腹などがありましたが、今日ではそうはいきません。袋小路に迷いこんだ状態で、もはや解決策はありません。

まず相手の利害・損得で考えてあげましょう

こんなことになるのは、じつは、偏見に満ちた狭く厳しいしつけの中にその原因があるのです。このしつけは強欲そのものです。ですからトラブルが発生すると、詫びるという言葉すら思い出せず、ただただしつけの恐怖に襲われて、ブルブルと震えているだけの哀れな魂なのです。

子供の頃から、「詫びてすむことか……、死んでしまえ！」としつけられた魂は、詫びる言葉の裏に〈死刑の命令〉があるのではないかと妄想におちいります。詫びる言葉が恐怖そのものです。思い出したくもない言葉なのです。この理屈が理解できていないと、優れた連想の持ち主ほど妄想にとり憑かれてしまいます。子供時代、親から強く叱られたことがよみがえり、全身がこわばり、詫びることと死の区別もつかなくなり、たちすくんでしまうのです。まさに、親の身勝手なしつけの被害者そのものと言えます。

ですからトラブルを起こさないためにも、また、起こしたとしてもスムーズに解決策がとれるように、立派なことは腹にしまいこみ、自己主張に順応をときどきはさむような交流を図れば、

「ああ、この人は嘘をつかないから、安心して交際できる……」

と、評価されるのです。

B枠もA枠と同様に、利害・損得を基本に対処していきます。もちろん損得ぬきに実行

しなければならない問題もありますが、私たちが生きている資本主義の社会では、まず、このことを忘れてはなりません。他の枠からの影響を過大・過小で判断し、ＹＥＳ＝順、ＮＯ＝逆と自分の態度を自分なりに決定し、交流を行っていけばいいのです。

不特定多数の交流にも過保護はあります

Ｃ枠での魂の交流はＡ枠・Ｂ枠と異なり次のようになります。

Ａ・Ｂ枠は個人と個人の交流に重点をおいたプライベートとパブリックの領域でしたが、Ｃ枠は個人と集団のプライベートの領域となります。自己愛の世界から、自分以外の人の欲望も認めようとする他人愛の精神世界へと進んできたこととなります。この枠もＡ・Ｂ同様、他の三つの枠の影響を受けながら活動します。

この枠の特徴は、友好的な人たちとの交流だったいままでとくらべ、好き嫌いを許さない不特定多数の魂との交流になるということです。こうした状況での魂修業がＣ枠の眼目となります。ですから、この枠での修業は、Ａ・Ｂ枠でよほど優秀だった魂でないとなかなか大変です。

「嫌いな人を好きになる修業です……」

と、説明したところ、

「死んだほうがましだ……」

と、言った人がいたほどです。よほど心を引き締めてかからないと、交流の訓練は失敗に終わる恐れがあります。

繰り返しますが、A・B枠は比較的親しい人との交流で、おつきあいが深くなるのにくらべ、C枠は不特定多数の人との交流ですので、浅く広くなります。しかし、そのなかにも特定の親しい人との交流も存在する世界で、いわゆる〈えこひいき〉が内在している領域です。この〈えこひいき〉の心、つまり過保護が、C枠の目的である集団愛と保護の世界の陰の主役を演じるのです。

立派なことはほんの少しで丁度いいのです

過保護は、依存度が高くしかも適応性の低い魂を生みだします。この魂は家庭から一歩も外に出られません。その逆に、愛情不足で厳しいだけのしつけしか知らない魂は孤独症の世界で悶々と苦しみます。愛情だけでも、また厳しいだけのしつけでも結局は駄目です。保護の過大・過小は人の心に思わぬ人生の大きな落とし穴を作りだします。

適正な魂の交流を生むには、まず余り上段に構え過ぎないことが肝心です。立派なこと、道徳的なことを信条として振り回しすぎますと、どうしても個人の利害・損得を無視することになります。空想や妄想にとらわれて、非常に適応能力の低い魂を作りだしてしまうことになります。

道徳・善悪・正邪に厳しいしつけは、一見、〈愛のムチ〉のように思えますが、じつはこれが大いなる錯覚です。それだけでは単なる愛の欠乏症を引き起こすだけです。個人の利害・損得を充分に認めた上でこそ、初めて厳しいしつけが人生の役に立ってくるのです。ですから、その考えを実行していくとなると、多少の〈えこひいき〉の存在も仕方のないことなのです。道徳・善悪・正邪といった自己基準で規制をせずに、集団の交流は集団の、個人の交流は個の利害・損得という規制に委ねたほうがずっとうまくいきます。利

害損得を離れて行う行為は、人生という広い領域のなかでも、ほんの狭い領域でしかありません。誰が見ても、

「立派だ。エライ！」

という行為でも、その実行の底には必ず〈エゴ〉が潜んでいるものです。それが人間です。でも少しも悲しむことはありません。要はサラサラとした魂の交流を間違えなければいいのですから……。

本当の聖人はそばにいてもわからないものです

前にも述べた通り、道徳・善悪・正邪を間違いなくあつかえる人は神であり菩薩です。一般人が正しくあつかおうなどと考えることは、最初から無理です。悟りをひらいた人でないと理解できないようになっています。この理屈がわかって初めて、正しい魂の交流がスタートできます。

聖なる心を腹の深くにしまいこみ、口には自己と他人の利害損得をのせ、ときどき芸術

や趣味の話をする合間に、聖なる言葉をチラッとするくらいにして丁度いいのです。こうすれば社会でのウケもよく適応性が高まります。

年齢を重ねていけば、聖人の真似事くらいはできるようになるかもしれませんが、それにしても、現代は自ら聖人と名乗る人が多すぎます。真の聖人とは、生きている間はアカヌケしない目立ちようのない人だと思います。それに第一、誰が聖人か否かを見分けることができるというのでしょうか。それを判定できるのは、それこそ神か仏以外にはおりません。時が過ぎて認められるものでしょう。C枠での正しい魂の交流は、変に背伸びをせず、現在の自分にふさわしい考えや行為で活動をすることです。そうすれば、複雑な不特定多数の魂たちとも適応性の高いおつきあいができるのです。

規則なしでは家庭も会社も国家も存在しません

いよいよD枠の領域です。ここは魂の交流の最後の世界です。次のE枠にいくと、ここはもはや心的・霊的な世界へと入ることとなります。そこでD枠ですが、この世界は規則としつけのエリアです。規則としつけは社会の要です。張り切り過ぎて厳しくなり過ぎると魂を苦しみに追いやり、完全主義にとらわれてボロボロになったり、また、視野の狭い偏見の強い魂にしたりなど、人を廃人にもしかねない世界です。

家族という形を例えにして、D枠の特徴を解説してみましょう。家族という集団は、親の権威としつけが守られてこそ平和が保てます。これは法なしでは会社も国家も成立しないのと同じことです。なにを平和と言うのか、という形而上の問題については、それぞれの魂が社会に適応しつつ、個性が発揮できる状況を平和と考えるとしておきましょう。

規則としつけという言葉からは堅苦しさばかりが連想されますが、ここD枠は、C枠の修業を終えた魂が次の修業をするためにやってきた領域です。A枠、B枠、C枠とそれぞれのエリアで体験してきた適応の方法がここで集大成されるわけですから、規則やしつけのもつ厳しさは十二分に理解できる能力を備えているはずです。D枠で改めて、規則やしつけの持つ力が予想外に強大であることを学ぶわけですが、この領域での修業はこれにつきると言えるでしょう。

そしてここでも、善悪・正邪を基礎とした規則・しつけの過大と過小が、魂を〈良〉にも〈不良〉にもする構図が厳としてあります。規則やしつけにこだわっているうち、いつの間にかそのことばかりに力が入ってしまって、本来、規則やしつけによって保護されなければならない自由が不自由に変わり、束縛そのものとなり、ついには破滅の状況に追い込まれてしまうのです。こういった強烈さを備えているのがD枠です。

自由主義の自由とは嘘のつける自由です

自由主義社会の道徳・善悪・正邪の判断基準は困難を極めるものですが、自由主義の自由とは、言葉を換えると、自己の利益のために平気で〈嘘〉がつける権利が確立されている制度でもあります。そして、その〈嘘〉を許さないのが規則であり、この矛盾を統一させるのがD枠の役目です。一九九一年一月に勃発したあの湾岸戦争にみられるように、仲裁に入った多国籍軍のその後の対処ひとつをとっても、このことが如実にわかります。ましてやこの戦争の遂行者であったアメリカ大統領ブッシュの戦争終結後の支持率アップぶりをみると、自由主義の自由とはまさに〈嘘〉のつける自由だとつくづく感じたものでした。今日の世界では、人類はまだまだ〈嘘〉のない真心で政治・経済を行える知恵と心を獲得してはいません。ですから、D枠での修業はそれほど容易ではありません。サラサラした魂の交流を行うには、その場その場の臨機応変の対応が必要となるのです。

そこで、私たちがD枠で修業をしていくときの心得としては、前枠と同じく次のような考えが挙げられます。

規則・しつけの中核をなす道徳・善悪・正邪は腹の中にしまいこみ、利害損得の判断による行動をまず基本とします。善悪その他の対応は、そのときに応じて小出しに使っていきます。この方策が魂の交流にとって互いに最も理解し合える最善のものと言えます。

神の啓示は善悪を超越しています

最後はいよいよ魂の故郷E枠です。この枠ではもう魂の活動はありません。心との同化、霊との同化、神人合一の心となって、他の枠の働きが理解できる統一の領域です。直感・霊感・神の啓示を受ける世界で、魂そのものの働きを超越した0点です。

　ここには道徳・善悪・正邪・利害・損得も個別には存在しません。すべてが混合した世界で、A↓E、B↓E、C↓E、D↓Eの関係にあります。心はE枠そのものです。そして、この心は霊感、直感、さらには四次元にもつながっている不思議な窓です。この枠で心静かに待っていると、そのときに必要なものが突然にわきあがってきます。このことに人類が気づいたとき、残酷な殺戮もやむことでしょう。

第5章——魂の正しい交流は善そのもの

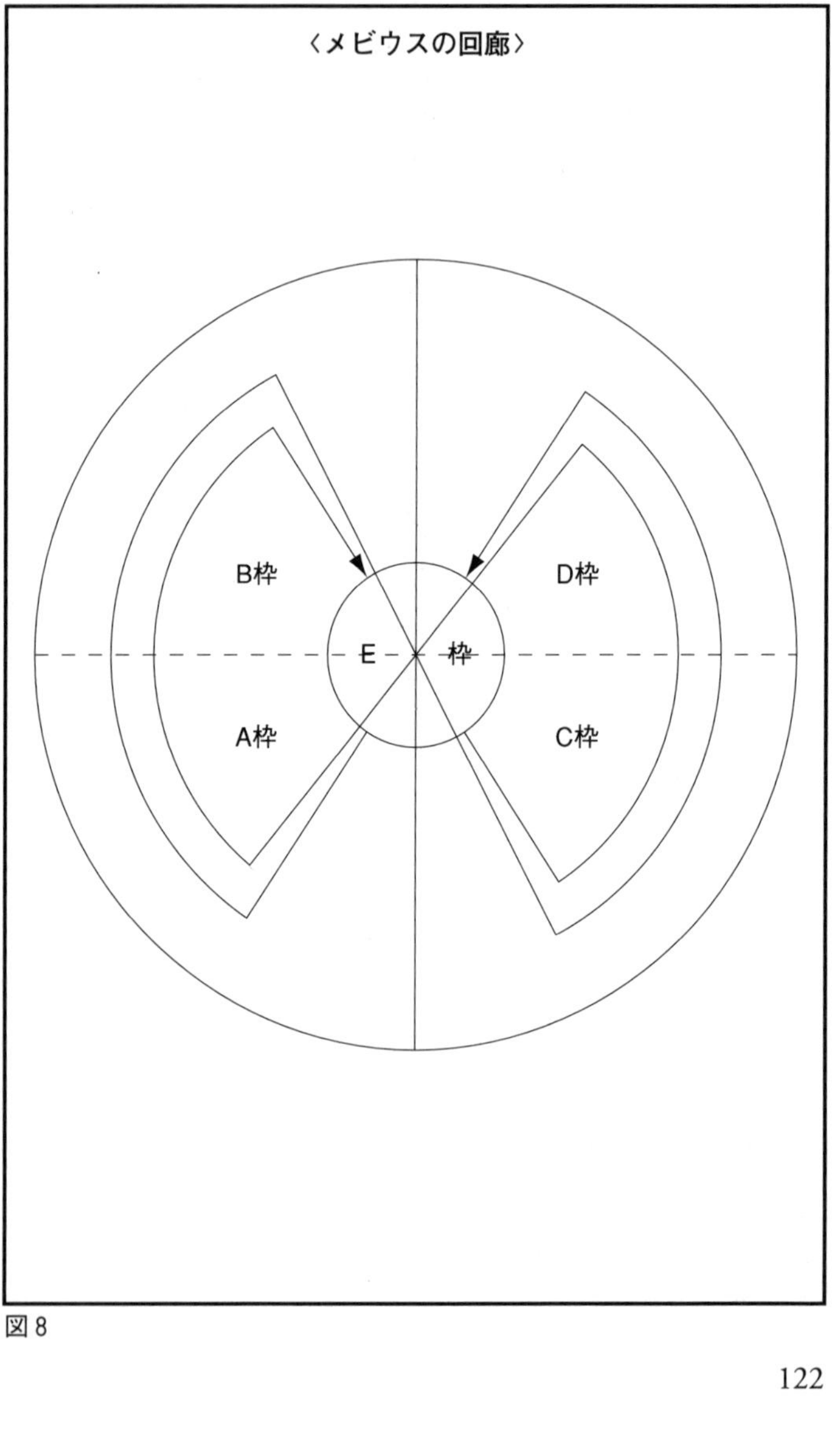

図８

善悪と損得の基準を混合していませんか

これまではＡ・Ｂ・Ｃ・Ｄ・Ｅの各図をバラバラに描いてきました。〈図８〉はそれらを総合的に合体させたものです。何度か述べてきたようにこの各枠が総合されてこそ一つの理論の実践となります。大要をつかんでいただくため、個々の枠について順序立ててお話ししてきました。

この章では、いよいよ〈まとめ〉の旅に入るわけですが、いままでと重複する部分も出てきます。復習と思って読み進めてください。

すでに述べた通り、道徳・善悪・正邪の基準を判断することは、私たちにとって、非常に複雑で難解です。正しい、正しくないと言ったとたんに口論となり、つかみ合いの喧嘩にもなりかねません。人類を指導していく立場にある世界のリーダーでさえ、殺戮という手段でしか解決できないのが今日の文明の程度です。残念ですが、善悪の基準は人間の能力を超えた所にあると考えるのが自然です。ですから、私たちは利害・損得・良・不良という、身近でわかりやすい判断基準を使って物事を見ていくのが、最も安全で得策です。欲の窓を基準にしていくと、相手を殺してまでも欲望をかなえようとしている自分に比較的容易に気づくことができるからです。

〈聖戦〉などとカッコよく構えるから、引っ込みがつかなくなってしまうのです。物欲が神の心とすりかえられ、じつはこの神の心も人間が勝手にこしらえあげたものですが、相手を殺した後で、本当の神の心を知らされて苦しむこととなるのです。

神の心と神の考えは同一ですが、人の心と考えは異なっているものです。人の心と考えが一致したときは神が出現されるときです。これを目標としているのが〈十字論〉です。

本来の道徳とは、前章でご説明したように、互いにサラサラとした魂の交流が行える考え方をいいます。

普通、私たちが道徳という言葉をもちだすときは、たいてい相手だけにその行為をおしつけ、自分だけは得する行為をたくらんでいます。道徳という聖者の剣を振り回すことで、自分を立派な人間に見せようとしています。道徳を利用して、自分の欲を満たそうとしているのです。ですから、私たちは、道徳・善悪・正邪などといったことを、大上段にひきあいに出さないほうがいいのです。あくまで利害・損得・良・不良の考えを第一として、A→B→D→E枠の魂の旅を実践することが一番です。

自由放任は親のエゴにすぎません

神の愛から生みだされた魂は、両親の愛の心の窓を通り、親の魂の性質を受けて、物質の世界であるA枠に生みだされます。A枠の住人となった魂は本能である自由意志を満喫しつつ、他の枠のコントロールを受けながら生活していきます。A枠の魂はなかなか元気もので、他の枠の制御を受けようとしないのが一般的です。魂の本質というものが、他人にも自分にもまだわからない世界だからです。

本人の自由意志を尊重するのが、正しい魂の成長につながるのでしょうが、かといってその身勝手さを黙認し自由放任では間違っています。制御のない魂は、必ず、世の中の嫌われ者となってしまうでしょう。行く末が見えます。これではなんのために生まれてきたのかと言わざるを得ません。自由と制御の矛盾統一こそA枠の修業であり、ここで正しい魂の交流を身につけて、初めて次のB枠の自己愛と従順の世界へと進むことができるのです。

けれども、A枠での制御がかたよったものですと、魂の自由性を破壊し、自立心に乏しい魂に育ててあげてしまいます。自己愛もしくは従順の度合いのかたよった魂となってしまうでしょう。そしてC枠ではどうなるかというと、保護愛のかけすぎから、盲目の愛に溺れた依存度の強い弱々しい魂に育ててあげてしまうことになるのです。またその反対に、愛情欠乏だったりすれば、ひねくれた孤独癖の強い魂にしてしまいます。さらにその上に、D枠の厳しいしつけが加わると、廃人同様の魂を持つ人間になりかねません。

厳しいしつけは、一見、親の愛の鞭のように思えますが、たいていの場合は親のエゴが内蔵されています。このことは肝に銘じておくべきことです。自由な子は健康ですが、自由すぎる子はわがままです。制御された子はいい子ですが、制御されすぎた子はおりこうさんで窮屈すぎる子となります。この枠の交流のポイントは、自由と制御の過大・過小、つまりやりすぎと放任の正しいコントロールにつきるのです。

具体的に述べてみましょう。

元気すぎる子の場合、運動で制御することをすすめます。それも、きちんとした指導者がいるところでなければなりません。また、勉強が好きな子は、勉強が好きな子と友人になれるように、また、よき師とめぐり会えるように親が気をくばってあげるべきです。よき師、よき友は、昔も今も変わりなく人の成長に欠かせない有意義なものです。特別なことはなにも必要ありません。けれど、現実には、子供のしつけで悩んでいる話をよく聞きます。その理由はどこにあるのでしょうか……。

子供のしつけに教育の不足を重要視する人がいますが、現代の子供をみると、私たちの子供時代とくらべ、なにもかもがはるかに恵まれています。過分はあっても不足は考えられません。もし不足が問題を起こしている要因とするなら、親の仕事の手伝いをさせられ、自由な時間を奪われていた私たちの時代のほうが、運動・教育のどちらをとっても、よっぽど不足だらけです。つまり、遊びや学問や運動などがいくら充分に与えられていても、必ずしもしつけとは関係がないことがわかります。社会現象として騒がれている〈いじめ〉や〈不登校〉といったことなども、本当は教師や親や教育制度だけに原因があるのではないのです。

ここで注目して欲しいのが、いままで述べてきましたサラサラとした魂の交流、つまり〈十字論〉です。

誰がなんと言おうと、この社会は私たち自身が作りあげたものです。私たちの心の反映です。〈十字論〉では人を魂と肉体に分類し、その活動を心と呼びますが、その心の成熟度が未熟ですから、当然、現在のような社会となるのです。社会の状況そのものを魂の活動の結果と考え、いままで述べてきたA～E枠にあてはめてみますと、現在の社会はまさに自己中心的でわがままな、A枠での修業もまだ終えていない未熟な社会秩序と言っていいでしょう。過大・過小・順逆の原理がうまくコントロールされていないのです。

従順すぎると活力がなくなります

次はB枠ですが、ここは自己愛を基盤とした従順、エゴ的な愛に重点を置いた特定な人たちとの交流です。この交流の深さもエゴ的であるが故に、溺愛もしくは嫉妬の両極端におちいりやすい領域です。溺愛と嫉妬の矛盾が、拒否を許さない強制的な従順を要求するだけの世界となりがちです。

拒否、つまり否定のない世界は、閉鎖的な心を生みだします。推理力や思考力を弱め、自由意志を失わせ、最後には活力さえ消滅させてしまいます。この理屈にあてはまるのがあの旧ソ連でしょう。当時エリツィン氏を大統領とあおぎ、混乱の真っ只中にあるロシア共和国の混乱ぶりは、閉鎖的な心に、自由意志を取り戻そうともがいている姿です。矛盾の統一を試みようとする必死の姿です。急進的（過大）な改革は、無法者を生み出す可能性すら含んでいます。長い間の従順に慣れた人々は、急激な自由意志の緩和を受けると、自制力の知識不足と気力減退のために〈たが〉のゆるんだ桶のような状態となり、再起するのに、非常に苦しむこととなります。まじめな人ほどその兆候が強く、五年～十年にわたって苦しむ人も出てきます。こうならないためにも、ゆるやかに緩和していって欲しいと思います。

また共産国とは逆の国でも、自由意志を謳歌しすぎて欲の制限を知らず、自然も人も荒廃の一途をたどっています。前述したように、世界はまだ規制と自由の矛盾統一の〈よろしき〉を得ていません。この規制と自由の矛盾統一に関与しているのがＣ・Ｄ枠です。

従順の度合いが深すぎると人の顔色をうかがったり、ご機嫌をとったりして、自分の意見が言えない魂となってしまいます。まるで、アメリカに対するどこかの国のようになってしまいます。そして、その心の中と言えば、じつは否定の心の山積で苦しんでいたりするのです。

NOというサインの出し方は?

しかし、従順の心を恐れてはいけません。従順とは、人の交流になくてはならない基本だからです。外交も協調も従順の高揚なくしては成立しません。そこで適正な従順を見いだすコツですが、まず第一に相手の要求が双方にとり、利害・損得・良・不良の観点からどのようになっているかを見極めることです。それが本音か建て前かをよく吟味することです。一般的・常識的・習慣的な要求はだいたいが建て前で、別な所に本音が隠されているものです。その上で検討を進めていきます。

B枠は〈ジョハリの窓〉で言えば相手から見えない窓ですから、自分から思いきって心の窓を開き、従順である意思表示をしなければいけません。こうして従順性を高めていくのですが、開き方次第では、相手の強引な要求に引きずられっぱなしという悪いパターンになってしまうこともあります。ですからそのときには、はっきりとNOのサインを出さなければいけません。こうして軌道修正をするのです。

けれど、このNOが言えない真面目で封鎖的で勤勉な人が、私たち日本人には非常に多いのです。従順の心の窓を開くと、厚かましく要求を押しつけてくる人がいますが、そのときにはひるまずNOと言わなければいけません。ハッキリ断るのです。厚かましい人はそれなりに人を見るのにたけていて、相手のひるんだ心を巧妙につかんでくるものです。ですから、生半可な断り方では引き下がりません。ましてこちらは自分から従順の心の窓を開いているのでどうしても気おくれしてしまいます。NOの返事が言えず、自分が不利になるのをわかりつつもYESと答えてしまいがちなのです。これは得策ではありません。できないものをその場のなりゆきでつい引き受け、結局、結果的には相手を困らすことになってしまいます。

ですから心を開くときには注意が必要です。自分ができる範囲をきちんと意思表示しつつ開いていくのです。それをいきなり全開にするものだから、相手が錯覚を起こし、自分の要求を全て引き受けてもらえると思ってしまうのです。依存度の強い魂や愛情欠乏の魂は、とくにNOが言えない傾向があるので、勇気を出して相手の要求を拒否することです。これが、サラサラとした魂の交流を生む秘訣です。

こうして、魂は次の枠へと旅立っていきます。その姿はまるで三次元と四次元を結ぶメビウスの回廊を旅するように見えます。

注　メビウスの回廊＝著者の造語。次元の違う領域を結ぶ廊下の例え。

魂の記憶には生きる知恵がつまっています

ところで、A枠から始まる魂の旅ですが、他の枠を旅するとき、前に述べたようにA枠でのしつけが重大な影響を持ちます。一見、親のしつけが悪いから子の魂の旅もうまくいかないと考えがちですが、決してそうではありません。十字のタテ軸を思い出していただきたいのですが、子が親からしつけられたように、親もまた、その親（祖父母）から同じようにしつけられているのです。先祖からの〈生き方〉を申し送られているのです。そこには、善悪の意志はありません。むしろ、尊敬すべき立派な行為と言ったほうが適切でしょう。

魂に記憶された親の知恵がそのまま伝えられるわけですから、そうでない子よりも、その子はずっと楽に旅をすることができるわけです。問題はその親の〈生き方〉が、子の時代に合っているかどうかということでしょう。合っていないために苦労をすることがあるかもしれません。それに引き換え、親の魂との適正な交流を受けずに育った子、つまりかたよった交流で育てられた子は、バランスのとれた適応能力が発揮できず、どうしても困難な旅を続けることとなるのです。

このことは、例えて言えば次のようになります。

同じ十歳の子がいて同時に将棋を習い始めたとします。片方の子だけが定石《じょうせき》を知っているとしたら、二人の勝負は明らかです。定石とは、将棋というゲームが始まって以来の勝つための知恵が結晶しているものですから……。

親の魂との交流は、定石を受け継ぐようなものと考えてください。もし親から受け継いだ〈生き方〉が時代に合わないものだったならば、修正をしていけばいいのです。旅がうまくいかないことを親の責任にするのは間違っています。あくまで、旅の第一歩は親の魂との交流から始めなければいけません。

親の生き方に逆らっていると悪運が重なります

ここで、A枠からB枠への旅の心得を整理してみましょう。

①善悪・正邪・道徳的な考えはひとまず脇に置き、利害・損得・良・不良の観点から相手との交流を検討すること。

②相手の言葉が本音か建て前かを見極め、本音ならそのまま、建て前なら少し踏み込んで交流をうながしてみること。

③または、自己の心の窓を可能な範囲で開き、YES、NOの意思表示を明確にして積極的な交流活動を実践すること。

以上がキーポイントとなります。これにしたがってE枠→A枠→B枠とメビウスの回廊を何度も往復し、淀みのない交流ができるようになって初めてC枠への旅が可能となるのです。親の〈生き方〉に逆らったままA枠で自由気ままにしていると、C枠はおろかB枠にも進むことができません。悲しみ・妬み・憎しみ・怒り・恨み・猜《そね》み・呪い・不平・不満・疑い・迷い・心配などの悪材料が倍加し、にっちもさっちも行かないようになってしまいます。果ては、魂の旅を放棄することにもなりかねません。前述した3つのポイントにしたがって、どうぞいい旅をしてください。

効果のある運命転換法は?

次はいよいよC枠です。この枠は左半分の個人的・子供的魂の活動領域と異なり、集団的・親的な活動領域です。B枠での交流は比較的好き嫌いの融通がある個人的交流の世界ですが、C枠は誰とでも交流しなければなりません。選択の少ない交流が要求される世界です。好きな人との交流は容易ですが、嫌いな人との交流は想像以上の辛さがあります。よほど注意してかからないと失敗に終わります。でも、運命を改善していくには、大変に困難なことですが、嫌いな人を好きになることが一番効果のある方法なのです。

余談になりますが、ある宗教団体の教祖が、長年、死物狂いの修業をしてきたそうです。でも、なんの悟りも得ることなく、いたずらに時を過ごしていました。そこでこれではいけないと思い、若いときからの人間嫌いをまず克服しようと努力を続けていったところ、ある日、突然に黄金の玉を見て、それ以来、奇跡が連続して起きているという話を書いた本を読んだことがあります。これこそ、十字論でいう魂の交流の実践ということです。人との交流は、魂の飛躍にとってこれだけ効果のあるものです。

ところで、いままで再三繰り返してきましたように、B枠はタテに深い交際であり、C枠はヨコに広がった交際です。タテは特定の親密な人たちとの交流であり、ヨコは不特定多数の人たちとのバラエティに富んだ交流です。このタテとヨコの相違をはっきりと認識してこそ社会適応も高揚します。

先輩が後輩を叱る原則

この枠は相手には見えていても、こちらからは見えない心の窓です。集団愛の要とも言える保護を基盤としています。魂の人生修業が行われる世界です。社会の実生活に乏しい魂が、初めていろいろな魂たちとの交流や生活を体験する場です。ですからどうしても愛と保護が必要となります。動物が集団で子供を育てている光景をテレビなどで見ますが、この点では人間も動物も同じです。子供は集団の中で育つのが一番いいのです。生きていく上には、不特定多数との交流は絶対に避けて通れない厳しくて楽しい交流です。上司や先輩たちが後輩を叱るのもまた、楽しい人生のためにあることを忘れてはいけません。

ただし、この叱咤という交流も、最近は優劣・金銭にとらわれたものが多く見受けられます。これは間違っています。神は優秀・金銭だけの競争を我々に要求してはいません。あくまで、人類の発展と幸せのための競争を願っています。私たちを幸せに導く自由な競争と私たちの幸せを守る規則は、C枠の集団愛の保護なくしては成立し得ないものなのです。

C枠での魂の行動目標ですが、秘訣はYES・NOという意思表示と感謝の心を明確にうちだすことです。B枠と似ていますが、そのむずかしさはこちらのほうがはるかに上です。A枠からB枠と修業を終えてきた魂が、一人前としてその真価を問われる領域であり、サラサラとした魂の交流の素晴らしさを、しみじみと実感させられる場でもあります。

この枠までやってきた魂は、実生活に例えれば、やっと社会人の仲間入りを果たしたばかりの若者とでもいったらいいでしょう。学生気分がぬけきらないままに仕事をこなそうとすると、上司や先輩、もしくは取引先から、

「なにをやってるんだ！」

などと、ガツンと一喝くらわされて震えあがることを体験していくのです。本当の人間修業が始まるといえるでしょう。ですから、直面する悩みもさまざまです。めまぐるしい自由競争に破れて落伍したり、学校の成績はよかったのに、人との交流がどうもうまくいかなかったり、あと一歩のところで人生を棒にふったり、健康を害して目標を断念しなくてはいけなくなったりします。なぜだかわからないけれど、自分の人生に生きがいが感じられなかったり、家庭がしょっちゅうもめていたりなど、過保護と競争という〈アメとムチ〉の使い方の複雑さに翻弄されてしまうのです。

嫌いな人と心を通じるには……

以上の矛盾を統一するのがC枠の大命題です。

そのためには、さきほどの行動目標を思い出してください。そして、例えば、たいしたことがないと思われる上司・先輩の意見でも、大切に丁寧に聞く心を養っていく訓練をし、正しい魂の交流を学んでいくことです。

また、これも大切なことですが、嫌いな人と交際するとき、つべこべ言わず好きになれと言ってもこれは無理です。そこでます、先入観的な批判をやめ傍観視することから始めるのです。こうすれば、比較的容易に嫌いな人との交流の世界に入っていけるでしょう。

嫌いな人の中にも、必ず、自分の好みと合致するところがあるはずです。そこを発見してしまえばもうしめたもので、おつきあいもずっとラクなものになるでしょう。気が合う者同士、つまり好きな者同士だと、互いの本音も早く理解し合うのに対し、片方が好きでも片方が嫌い、あるいはどちらも嫌いな者同士ですと、どうしても、お互いの腹のうちがわからず、つきあいも浅くなってしまいます。占いでいえば、相性が悪いということになるのでしょう。けれど、このままではいつまでたっても魂の正しい交流は生まれてきません。つまり、D枠に進めないことになってしまいます。

最近、繁華街などは世界のあちこちから来た人たちでごったがえしていますが、日本人はずっと長い間、まわりがほとんど単一民族という環境で生活してきた暮らしやすさがあって、自分の意志を表現するのが下手です。〈目は口ほどにものを言う〉などと、積極的に話したり聞いたりすることをしない傾向があります。今日のような個人主義が浸透した時代には、そんな考えは通用しません。

まして、この本の目指す目標は、奇跡をも生み出すサラサラとした交流を獲得することです。

「私にはできない……」

などと尻ごみすることなく、どうぞ積極的に挑戦してください。雑誌などでセールスマン日本一の人がよく話題になりますが、一位の栄誉に輝く人の記事を拝見しますと、彼らの特長は一様に聞き上手だということです。これが初対面の人と心を通じ合うコツだというのです。YES・NOの意志は意志として、まず相手の意見を聞くことから始めてください。それがC枠の修業のコツです。この項目の最後として、あの有名な映画評論家の故淀川長治さんの印象的な言葉〈わたしはいままで嫌いな人に会ったことがない……〉を記しておきましょう。

形式主義者がおちいる「ひとりよがり」

いよいよD枠までやってきました。

ここは法そのものの厳しい世界です。規則としつけが支配する厳しい領域です。法の本来の姿は私たちの幸せを守ることにあります。日頃は真面目な人が、なにかのはずみで罪を犯して罰せられたり、冤罪が話題になったりすると、法を眼の敵にする人がいますが、これは誤解です。

法とは、相手にも自分にも見える明るい窓です。厳しさと愛が対になった世界です。厳しさだけが一人歩きした法は、神が望んだものではありません。暗黒の世界のエゴにすぎません。このような法や、規則やしつけは相手の心に必ず反発の二文字を刻印せずにはおきません。こうなっては、サラサラとした魂の交流など、とてもできないこととなってしまいます。

身近な法、つまり規則やしつけでD枠の修業について解説していきましょう。規則やしつけで怖いところは、すぐに善悪・正邪といった世界に結びつきやすいということです。善悪・正邪を振り回すと、人はどうしても形式主義のワナにつかまりやすくなります。相手の魂の言い分を無視し、神に代わって自分の都合のいい審判をくだします。なにしろ相手は規則違反をしているのですから、その件については、なに一つ言い返せない立場にあります。

法とは、匙《さじ》加減で魂の行動を生かしも殺しもする両刃の剣であり、崇高な聖剣です。いままでの枠に比べて過大・過小の影響が強く、一つ間違えばあっさりと一つの魂を葬り去ってしまいかねない強烈な世界です。このことを念頭に置き、愛をもって相手の利害・損得を充分に思いやって行動していくのです。こうすれば反発の刻印が押されることもなく正しい魂の交流が実現できます。

どうしたらエゴの心を捨てられるのでしょうか

ところで、ここで大変な意地悪を言うようですが、Ｄ枠の修業を終えた魂が次にたどりつくのは、最高の奇跡をその手につかむことができるＥ枠となるわけですが、残念なことに、ほとんどの魂が生きたままこの枠に到達することができません。恨み節人生を味わうこととなります。しかし、こう言ったからといって人生を諦めるのはまだまだ気が早い。じつはこれが〈十字論〉の奥義でもあるのですが、最終目標を果たせなかった魂には再生の道がちゃんと用意されているのです。というより、私たちの魂はこの世にある限り、修業を途中で放棄することは許されないのです。魂本来の楽しい修業に立ち返り、メビウスの回廊を何度も巡って、最後には魂の出自である神の座に回帰しなければいけないのです。

そして、再出発には、改めてチェックをしなければならないことがあります。それは、恨みの愚かさを確認することです。そうでないと、また同じ失敗を繰り返すことになります。前述したように、恨み・怒り・不安といったマイナス要因こそ旅の妨害者だからです。これらは裏を返せば、自分の欲の心に逆らっている外部の出来事に対して疑惑や批判を抱いている姿に他なりません。この心を浄化しない限り、魂の進化は望めないのです。

この心になるには、次のような具体的方法があります。

まず、欲望には際限がないことを自覚し、外部の欲望に気をとられて羨ましがったり批判したりすることをやめ、その思いを自分に向けるのです。つまり自分の心に渦巻いている欲を徹底して見つめるのです。

「あいつは、学生時代は俺よりも頭が悪かったくせに、入った会社でもう課長にまでなったらしい。あんな奴でも出世したのに、俺は係長がやっと……。会社の上司は人を見る目が全くないアホばかりだ」

と、恨み言葉をブツブツという前に、自分のこうした不満が果たして妥当かどうかを、ちょっと振り返って考えてみるのです。そこで恐らくあなたは、自分の思い通りにいかないと、何事につけても不平を洩らしている自分を発見するでしょう。考えてもみてください。誰だってこんな人とはつきあいたいとは思いません。だから上司の援助もないのでしょうし、友だちが助けてくれるはずもありません。あなたはあなたの手で次々とマイナス要因を作りだしているのです。誰を恨む筋合いでもありません。

過去にとらわれるとジレンマに悩むだけです

でも、その批判を自分に向けると事態が変わります。

いままでの社会活動の中で不適正な魂の交流がなかったかを一つ一つ吟味し、恨み心の交流を発見したならば、それを丁寧に浄化するのです。どうしても好きになれない人ならば、とりあえず傍観者の態度をとり、過大・過小・順逆の原理に照らし、ＹＥＳとＮＯを明確にし、なおかつ修正することを恐れずに、サラサラとしたおつきあいを少しずつでも進めていくのです。その結果は前にも述べたように、あるときいきなり、全ての状況が好転している世界に入ったことに気づかされます。

また、自分に眼を向けるということは、もう一つの理由があります。批判を向けられた他人が自分のマイナス要因に気づき、それを一生懸命に浄化したとしたら、得をするのは相手だからです。本当に大切な自分の利害を見失ってはいけません。他人が己の批判を聞きにきた場合は、丁寧に教えてあげればいいのです。そうすることで、自己にも他人にも得が生まれます。そして、ここでもう一つ気をつけて欲しいことは、自己を見つめるといっても、過去の反省にとらわれすぎないことです。こうなるとジレンマにおちいり、

「俺はやっぱりダメだ……」

などと、また新たなマイナス要因を作り出してしまうことになるからです。きちんと自分が自分に向けた反省が適正か、過大・過小かを思い起こして確かめてください。こうして自信がついてきたなら、今度は、嫌いな人を好きになる交流を開始してみるのです。過大・過小の判断基準は、十字論の基盤になっている円盤を思い出してください。

ここで十字論のまとめとして、十字盤における魂の旅を説明しておきましょう。

まず〈図5〉を頭に思い浮かべてください。右枠に肉体、左枠に魂。上枠に知覚・知性、下枠に感情・感覚。中心枠に心を配した図です。四つの枠は互いに矛盾・対立し合って配置されています。その四つの枠の矛盾を統一した形で心の座があります。相互の関係性を示しますと次のようになります。

左枠の魂の性質を過大評価しすぎると宿命にとらわれすぎ、上枠の知性・道徳、下枠の感情・芸術と矛盾を引き起こします。また、過小評価は妄想を招き、幻想・幻覚を発生させ、各枠の意識の分散状況を起こします。その他、右枠の肉体だけにこだわりすぎても、上枠下枠の道徳・規律・芸術無用という矛盾を起こします。左枠の魂と右枠の肉体は、目に見えるものと見えないものという対立した矛盾を持っています。この左枠と右枠の人間構成原理と、上枠と下枠の文明社会の営みの原理の四枠が矛盾統一されたものこそ心の正体なのです。

矛盾を統一させるために生じた各枠の波動が、心を躍動させたり沈静させたりしますが、これが心の働きです。古代、人々は躍動の後の心の働き、つまり沈静を〈鎮魂〉と呼んだのです。

以上が〈図５〉の十字盤の仕組みですが、これに〈図６〉のＡ枠からＥ枠を重ね合わせ、魂の修業が完成するまでどうぞ旅を続けてください。十字論の旅は、ある意味では魂の拷問であるかもしれません。しかし、この難関を超えなければ、日々奇跡をもたらすような素晴らしい人生を手にすることができないのです。

「正義の剣」は振り回さないことです

いままで、善悪・正邪・道徳などの考えはまず横に置き、利害・損得・良・不良の窓から判断することをすすめてきました。でも、誤解しないでいただきたいのは、道徳や善悪・正邪が不必要だといっているのではありません。これらの判断は、知識があるからと言ってうまく使いこなせるほど生やさしいものではないからこう言っているのです。十二分に人生修業を積んでからでないと、自分で自分の首をしめたり、人を不幸におちいらせてしまったりなど、人生において大怪我をしかねないしろものだからです。

これらを使いこなせるようになるための人生修業とは〈十字論による魂の旅路〉がそれです。正邪・善悪・道徳をことさらに考えなくても、十字論にしたがって物事を決めていけば、自ずとその道にかないます。まだ修業が未熟な人が道徳を目標に魂の旅を行えば、喜びのない独善の世界で苦しむこととなるでしょう。

もうわかっていただけたと思います。正しい魂の交流とは、それだけで道徳的であり善

・正義そのものです。神・祖先の喜ぶところです。自己の喜びがそのまま神・祖先に直結していることを魂は充分に認識しておくべきでしょう。家庭内でも社会でもこの原理は同様に作用します。社会での厳しい修業なしには魂の旅は完成しません。十字論の原理に基づき、どうぞ勇気をもって魂の旅をスタートさせてください。

本音を言うとなぜ口論になるのでしょうか

投機に浮かれたバブル経済が破綻し、世界的な不況も取り沙汰される現在、人々はなにを指針に生活していったらいいのかわからない状況です。建て前が、いままで以上に複雑にからみあう時代になっています。こんな時代こそ、十字論が提唱するサラサラとした魂の交流に基づく判断が、素晴らしい人生の知恵を発揮します。いい悪いはともかく、個人主義的な生き方がこれだけ浸透してきている現在、私たちはもっともっと本音を口にして生きていくべきです。その生きざまを子供たちに繋いでいかなければなりません。筆者がこの言葉を言うと、

「わかっています。でも本音を言うと喧嘩になるから、できるだけ言わないことにしているんです」

とか、なかには元気のいい人がいて、本音を言っては喧嘩ばかりしている人もいるようですが、たいていは言わないで我慢（?）してしまうことが多いようです。

「言えないものを腹にためておいても、気分が悪いだけで、なんの足しにもならないでしょう。いっそ捨ててしまったらどうですか。せいせいしますよ」

と、遠回しに助け舟を出しても、

「ウーン」

手応えのない返事がほとんどです。こんな人はもしかすると、恨み節人生の悲劇のヒーロー・ヒロインになりすまし、自己満足しているのかもしれません。同じような仲間がたくさんいて、楽しいところがないでもないというのも一応は理解できますが……。でも結局は不平・不満・妬み……などなど、数えあげていくときりがないのでこの辺でやめますが、ハッピー人生をつかまない一生で終わるのは間違いありません。これでは、自分に対しても余りに気の毒です。人生の前半が失敗だったと思うなら、せめて後半は楽しいものにしていただきたいものです。そして、その権利、いや義務が誰にもあるのです。

複雑そうに見える十字論の実践も、慣れれば簡単です。車の運転と似ています。自信をもって踏みだしてもらいたいものです。ここで、面倒臭い理屈はたくさんだ、というわがままな人のために実践のポイントをひとつだけ追加しておきましょう。

交流も親密すぎると嫉妬が生まれます

ご存じのように十字論のタテ軸は、親子・師弟・先輩と後輩といった関係を表します。上位に対しては〈よろこびの従順〉、下位に対しては〈ここちよい命令〉という考えを持っています。主従的で親密な交流であり、喜びや悲しみといった結びつきにはより深いものがあります。したがってそのような喜びは、第三者には嫉妬や共鳴の対象となります。悲しみは優越感を誘います。だからあまりタテ軸の関係に深入りし過ぎると、ヨコ軸の交流に支障が生じることとなります。

ですから、〈よろこびの従順〉である上位との話のやりとりは、理解でき実行できる範上にとどめておくことが肝心です。それ以上のことを聞いてはいけません。もしそれ以上になるようでしたら、自分の実力では実行が不可能なことを意思表示し、理解できないことを述べ、それまで拝聴した話に感謝をして引き下がるのです。

実行も理解も不可能なのに聞いているふりをしているのは、上位者に勘違いを起こさせ、最後には信用を落とすことにもなりかねません。ましてや、聞いてはいけないところまで聞いてしまってからでは、その上位者の許可なしに、勝手にヨコ軸の交流は広げられなくなってしまいます。上位者の秘密を聞いてしまったならば、その敵対者との交流を遠慮するのが常識というわけです。

上位者の話をとことん聞いてその人の腹心の部下となるか、もしくは自己の可能な範囲まで聞いて感謝して引き下がるかは本人の自由ですが、ヨコ軸との関係をよくよく考慮してから決断したほうが得策です。

その気でもないのにうっかりして秘密の部分に及ぶ話を聞いてしまったなら、秘密を守ることを固く約束し、深く詫びて引き下がるのです。それも、よほど深く詫びなければまず信用は保てません。

実現可能な範囲をハッキリさせましょう

これは下位者に対しても同様です。日頃から心を浄化していないと、つい人の悪口をならべたてる井戸端会議に明け暮れ、進むことも退くこともできない交流におちいり、人生を棒に振ることとなります。悪口雑言はときにストレス解消に役立つこともありますが、たいていは、ただいたずらに互いの交流を深め、世間を狭くし、嫌われるのがオチです。ですから、上位者は下位者の自由意志を尊重し、下位者が上位者に対して絶対従順の立場にあることを充分に理解してあげなければいけません。一般の話をするときも、指示を出すときもこの注意を怠ると、下位者を困惑させたり窮地に陥れたり、ときには死に至らしめてしまうこともあります。

下位者の不満や愚痴を聞き過ぎてしまうのもこれまた困りものです。解決不可能な問題まで背負いこむこととなり、主従の交流関係を悪化させてしまいます。上位者との交流同様、自己の実行可能な範囲をわきまえて意思表示をすべきです。能力の範囲を超えた相談に対しては、キッパリと不可能であることを述べ、注意を怠らず、そして激励しておくのが上位者の思いやりです。

ところで上位・下位関係には、社長と社員、親と子などの関係の他に専門領域での実力の上位・下位もあります。偉そうな人と対すると、なにもかも上位者に接するような態度をとる人がいますが、これは間違いです。このような性格の人は、自分も窮屈でしょうが、じつは相手も落ち着かないものです。したがって、しっくりとした交流ができないし、互いの進歩を阻害することにさえなります。人には長短、得手・不得手があるのですから、専門の分野で交際するときには、決してえらぶる必要はありません。互いの実力にしたがい素直な心で接することです。人によく仕える人こそ、よく使うことができる人という言い方がありますが、これこそ、タテ軸の理想の交流を教えている言葉です。

理屈をならべたてればきりのないことでも、実行する段になるとほんとにわずかな行動で終了することがあります。例えば、ゴルフの理論のうちのクラブのにぎり方がそれでしょう。ゴルフ雑誌には毎週とりあげられているし、一冊の本でも説明しきれないほどの考え方があります。でも一度身体で覚えこんでしまうと、わずかなチェックで済んでしまうものです。十字論もこれと同じです。サラサラとした交流にしたがった言葉や行動が自然に出るように、修業をお続けください。

自分の苦手なタイプから学びましょう

次はヨコ軸です。ここでの交流は友人・同僚など同レベル者同士のおつきあいとなります。家庭で言えば、夫婦、兄弟・姉妹の関係になります。タテ軸と異なりこの軸での交流は浅くなるのが普通です。けれど、交流のキーポイントは「競争と握手」であり、泥沼のような競り合いからは逃げられそうにありません。同じ土俵に立つ競技者として握手を交わしていくことから正しい交流が始まるのがこの世界です。サラリとした交流になるのが特色です。

もちろん友だち同士でもうらやましいほど仲のよいカップルもいますが、それでも、親密度の深さはタテ軸と異なります。もしヨコ軸にある者同士がタテ軸のような交流をしているとすれば、そのときの二人はその関係に上位と下位のおつきあいを発生させているはずです。元来はヨコ軸の関係を持つ二人ですので、このおつきあいには必ずどちらかが我慢しているところがあるはずです。なにかのきっかけでうまくいかなくなる要素を持つ交流といえるでしょう。そして、このタテ軸とヨコ軸の性質の二つを合わせ持っているのが夫婦というわけです。

タテ型、ヨコ型、あなたのタイプは……

人はタテに強いタテ型タイプ、ヨコの性質に強いヨコ型タイプ、両方に強い十字型タイプに分けられるようです。どうでしょう？　思い当たるところがありませんか……。目上の人にかわいがられたり目下の人から慕われる傾向の強い人はタテ型、一方どちらかといえば、仲間内での評判のほうがずっといいというのがヨコ型。十字型は器用で得に生まれついているのを感謝すべきです。タテ型はヨコ型の生き方に学び、ヨコ型はタテ型の心を学びとっていくのが、魂の性質を進化させていくコツと言えるでしょう。

ところで、タテ型は十字論のB枠にあたり、ヨコ型はC枠にあたります。タテ・ヨコ型はＢ・Ｃ枠に通じていることになります。無論、その枠だけで成り立っているわけではありませんが、その枠の特徴が、ヨコ型・タテ型・十字型を表しているというわけです。

これらの性質はちょっと注意して観察するとわかるはずです。対人関係の交流をスムーズに運ぶためには見逃せないポイントでしょう。こうした判断力を磨くことが、すなわち社会適応能力を向上させていく要因なのです。社会適応が正しく行われていくうちに、人は初めて自然適応に目覚めていくものです。いきなり、自然適応性が身につくことは絶対にあり得ません。

自然適応がわかりだしたことで、人はやっと神との交流を開始する条件が用意できたのです。０地点に至るパスポートを手にしたというわけです。

世間には、とくとくと無神論を語る人がいますが、こうした考えを持つ人の心は、じつは、わがままと自惚《うぬぼ》れが渦巻く妄想の世界そのものです。心の休まる世界を知らない人です。言葉だけの、知識だけの善・正義・道徳に振り回された偽善者といえるでしょう。敬虔なる善・正義・道徳は神あってこそであり、だから奇跡も起こるのです。

第6章——霊界大レポート

〈霊魂図〉

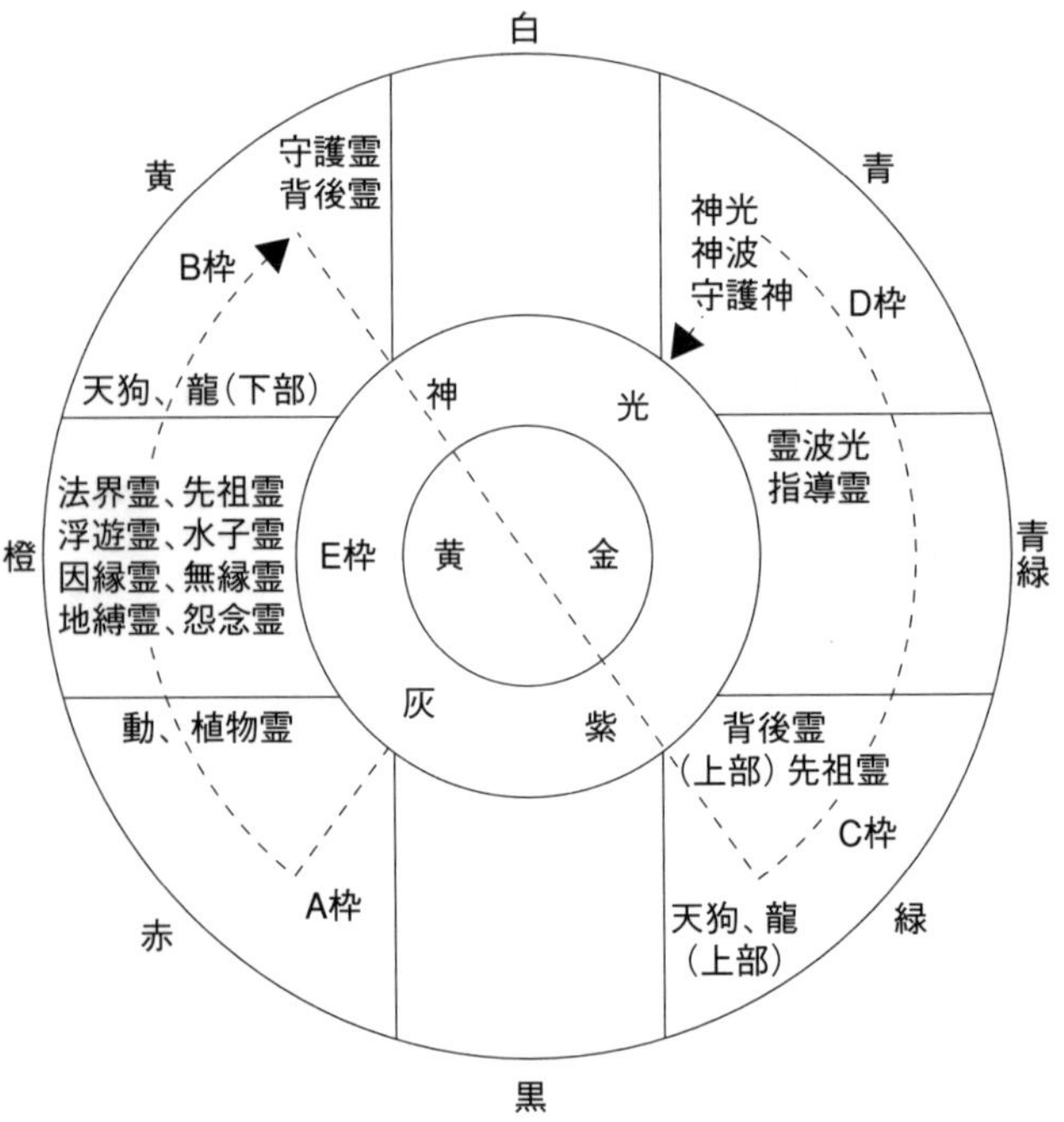
白
黄
守護霊
背後霊
青
神光
神波
守護神
B枠
D枠
天狗、龍(下部)
神
光
霊波光
指導霊
法界霊、先祖霊
浮遊霊、水子霊
因縁霊、無縁霊
地縛霊、怨念霊
橙
E枠
黄
金
青緑
灰
紫
動、植物霊
背後霊
(上部) 先祖霊
C枠
A枠
赤
天狗、龍
(上部)
緑
黒

図 9

自己防衛が強い人ほど欲の深いものです

〈図9〉は十字式円盤をもとに〈図1〉の霊魂世界とA枠～D枠の区分図、それに色彩の配置図を重ねて構成したものです。これにマイヤーズ氏の死後の世界の通信と守護神・守護霊の世界の一部を配置してみました。

注　マイヤーズ＝P168参照

ご覧の通り、この図柄は、〈図6〉の枠の区分線を拡大したものです。拡大した枠と枠の境目に人生のドラマが起こっていることを示した点が〈図6〉と異なっています。

人生において最も大切なことは、人と人、人と物、人と神の交流ではないでしょうか。その交流の中に枠と枠の境目、つまり、ある状態からある状態に移行するときに、人生のドラマが起こっていることを表したのが〈図9〉の特徴です。

〈よきドラマ〉とは神の姿を発見することだと思います。枠から枠へと旅をしていくそのなかで、人は神の姿に出会い、生かされていることに気づきます。けれどたいていの人は、生きていることそのものだけに意識が集中してしまい、自閉的・自己防衛的となり、生かされていることにどうしても気づきにくいのです。過保護な人ほどこの自閉的な傾向が著しいようです。

自閉的な性質とは、自己愛というエゴが原因で作られる心の状態を言います。つまり、自己の感情に溺れているということです。これは欲の深いことです。

人の欲は、元来、生命の保持につながっているものですから、欲深になっていくのも自然といえるでしょう。だからといって、自分が生きるためには手段を選ばず、他人を踏み台にすることを神の摂理は許していません。

この世は「神の心」で制御されています

正しい交流とは〈生かされるなかに我生きる〉ということです。そしてこの心を自分の家族・人類・自然保護などの問題だけにとどめず、もっと奥深く広げ、自然の意識・心にまでおよんだとき、初めて人は神の理に出会うことがかないます。そこで改めて神の創造した森羅万象のなかに生かされている自分を再確認できるのです。そうすると自然に感謝の心が湧き出し、完全他力の喜びで満たされます。

完全他力は自力の優劣や活発さ次第で楽しくも悲しくなります。この心に気づいた人は、いままでのように動じることはなくなるでしょう。創造され生かされている自己が、神の理と同一となるからです。

その一方で、人は神の理と同一であるにもかかわらず、神とは別であるという厳然たる矛盾に気づかされます。人も動植物たちも同じ理から発生したエネルギーによって作られているのに、全く別の姿でこの世に創りだされているという命の不思議さを知ります。

そして、この結論の裏に、私たちは人間の知恵をはるかに超越した大宇宙の〈制御〉を感じとるのです。この制御とは、矛盾を統一させようとする力のことです。宇宙の意識です。例えば、ファッションのデザイナーたちは、一枚の布から一着のドレスを作りだすのに、製図をひいて裁断をします。つまり一枚に織られた布をいくつかの断片に切ってしまいますが、これは設計通りに繋ぐためです。つまり、切らなければ目的通りに繋げないわけです。切ると繋ぐは矛盾の行為ですが、理想の型に仕上げるためには、まずバラバラにしないとできません。そして繋いでいく……。これこそが制御、つまり矛盾の統一というわけです。

もう一つ例を挙げておきましょう。

時速300キロを超える夢の高速列車・リニアモーターカーの完成が待たれていますが、まだ完成しない理由の一つがじつは制御にあります。300キロで走行するには、300キロのスピードを止めるブレーキの技術がともなわないと駄目なのです。走ると止まるの矛盾の統一の困難さがここでも問題になっているのです。

整理しておきましょう。

前章で説明したように、E枠から生まれた魂は各枠のプロセスを経てまた生まれ故郷のE枠に戻っていきます。この間に、魂は各枠毎のレベルに合った矛盾の統一法を修業し、サラサラとした交流を身につけた魂へと進化を遂げていきます。最後は神の鎮座されるE枠に到達し、神と合致することになります。神の理と合致するということは矛盾が統一されたことです。奇跡に遭遇することでもあります。これこそ、神が人間に託された本来の希望と思えます。ですから、自分だけの欲望に溺れた人がサラサラとした交流ができないのは、もともと神の意志に反しているのですから当たり前のことです。そこで、みなさんの矛盾統一の作業、つまり、かたよりのない欲望をかなえるお手伝いをし、繁栄に寄与してあげられるのが、この十字論というわけです。

だいぶ回り道をしました。いよいよ〈図9〉の解説に移ります。これまでのことをもう一度胸に刻みこんで、私と一緒に、どうぞよい旅を続けてください。

魂は五段階に進化していきます

A枠に生まれた魂は、ときがくるとB枠へと進むわけですが、なかなか簡単にそうはさせてくれません。まだ浄化しきれていない魂の迷いが、B枠へ進むときいろいろと禍を起こします。A枠の魂の性格は本能・自由・わがままなどですが、これに必要以上にこだわった魂の想念はどうしても十字の正しい交流を見失い、怨念的・無縁的・浮遊的な性格が強く、〈図9〉に示した通り、怨念霊・浮遊霊・因縁霊におちいりやすくなります。当然、自ら低級霊となりさがり、他の低級霊の餌食となります。

B枠からC枠への境界ではよい天狗や龍の霊が現れてきます。天狗は誇りが高く強い自意識、龍はしつっこい固執性を持っています。B枠の下部では悪い天狗や龍たちが、魂の交流を妨げます。

どうにかA枠とB枠の修業を卒業しC枠に至ると、魂の進化度は目を見張るものとなっています。そこは一段と高い指導霊や守護霊たちの住む場所であり、その霊たちの力を借りて成長できるからです。

C枠はご存じの通り、いろいろな異なった魂たちの出会いの場です。交流も一段とむずかしくなります。背後からの守護や指導が必要で、それがあって初めて正しい交流が可能となります。ですから、この枠に到達した魂たちは自分で気づかなくても、自然と守護霊や指導霊の加護を受けています。これはD枠も同じことです。むしろ、C枠よりさらに厳しい〈規律〉の世界ですから、霊たちの援助なしにはやっていけない世界です。

C枠までたどりついた魂は、一応は〈悟り〉を体験したといえるでしょう。ですが究極の悟りではありません。悟りを大・中・小の三つに分類するなら、C枠、D枠は小・中の悟り、大悟りはいうまでもなくE枠となります。

ところでD枠ですが、ここにたどりついた魂は人としては最高峰に到達したといえます。人の世界であることは間違いありませんが、次のE枠に直結して、神秘に満ちた神通力・神技が発揮できる最高の領域です。現実社会に例えますと、高官か人の道を説く聖人などが住む世界だと考えていただければいいでしょう。神ではありませんが、神に代わって法を守る魂です。

最後のE枠ですが、ここは個の魂と集団の魂のどちらにも偏しない神の鎮座する世界です。神人合一の心の領域です。十字円盤の球状思考の旅を終えた魂が、あらゆる欲望を超えて自由自在の心境に至り、サラサラとした十字の交流を実践できる世界です。

マイヤーズ通信はあの世の十字論です

では、人が死後の世界へと生きたまま旅をしたらどうなるのでしょうか……。マイヤーズ氏の〈あの世からの通信〉を紹介しながら、十字論の考え方をさらに追っていきたいと思います。

W・H・F・マイヤーズ氏は生前、英国心霊研究協会の創始者の一人だった人です。傑出したパワーを持った自動書記霊媒師ジュラルディーン・カミンズ女史を仲介として、死後の世界の実相をあの世から通信してきた人です。氏の記録をここに取り上げたのは、その内容が、私が二十九歳のときに出会った異常な神秘体験や、その後の出来事にあまりに酷似していたからです。それを十字盤に当てはめてみたときの興奮と驚きは、今でもまざまざとよみがえってきます。

マイヤーズ氏の記録はあの世の出来事であるにもかかわらず、この世に生きている私の体験をまとめた十字盤とピタリと重なり合っていたのです。その時点では、この事実をどう解釈していいのやら理解できず、ただ驚くほかはありませんでした。

しかし時間がたつにつれ興奮もさめてきました。冷静に記録に目を通すと、〈生きたまま究極に達する人は世界に一握りしかあるまい〉と、書かれている一行が目に止まりました。そこには、私の体験がそうだと記されてあったのです。

〈私は選ばれた人なのか？　たしかに酷似している体験だけれど、こんなこと本当にあるのか？　もしかしたら夢の中ではないのか……〉

この一文に出会ったとたん、さまざまな思いが私の頭のなかをかけめぐりました。心の動揺を抑えることができませんでした。

この記録を手にしたのは十八年前のことです。二十年前に、二度目となる多くの奇跡現象に出会い、自己コントロール能力を失っていたとき、ある人からいただいた本でした。失礼なことにどなたからいただいたか忘れてしまいましたが、今では感謝をしています。

そこで、これから申しあげるマイヤーズ氏の話ですが、これは一口に言って信じていただくより仕方のない世界の出来事です。理屈がないと信じられないという方は、いままで説明してきました十字論に照らし合わせてくださることで理解できるのではないかと思います。私の見解ではマイヤーズ氏の通信は、あの世の十字論ではないかと考えているからです。

あの世の構造は七層になっています

一七一頁の表に示されているように、第一界は物質の世界です。肉体という物質が経験する範囲を表し、同時に狂人が住む世界でもあります。

第二界は第一界から第三界へ上昇するための決断地点にあたります。この世での記憶を点検して、上昇するか、さもなければもう一度もとの世界を経験するかを決定する世界です。上昇を決定した魂は、物質界の衣服（複体）を脱ぎ捨てて次の世界へと旅立ちます。一方、下降することになった魂は、迷えるまま地上に再生します。なかには低級霊の憑依を受けて狂人となったり地縛霊となったりもします。

第三界は競争のない世界といえるでしょう。この世で考えられるかぎりの欲望が満たされ天国のように感じられます。しかしその一方、飽満の裏返しとしての倦怠感もあるのですが、一般には、この世界は究極の世界と勘違いをされている、とマイヤーズ氏は伝えています。このレベルの魂はまだ、すべての欲望が満たされた後に吹き出す倦怠感の地獄のような空しさに、きっと気づいていないのでしょう。

第四界は色彩界です。地上界のあらゆる形態の源がここにあります。形態の創造と理想化を試みる世界です。自己のカルマを新しい魂に託して指導を受け、やっと魂の世界があることに気づきだす領域です。形にとらわれながらも、その一方では、形にとらわれない

魂の旅の旅程表

第七界	彼岸（無窮）	●霊的なものの大源泉 ●宇宙の内側の世界 ●時間と空間の外に出る	最高精神	（神）	宇宙意識			
第六界	光明界（白光界）	●不滅の存在 ●本霊との一体化（一即多・多即一） ●類魂の知的生活を知悉する	神体・光明体	本霊	大意識	大記憶	霊的な人	
第五界	火焔界	●全類魂の集結を持って上昇 ●類魂の感情生活を知悉する ●類魂の目的を知る ●心霊族を知る	火焔体（守護神）	大自我（心霊族）				
	恒星界	●太陽人 ●恒星への転生 ●火の壁						
第四界	色彩界（形相界）	●形態の創造と理想化（地上のあらゆる形態の源泉がここにある） ●自己のカルマを新しい魂に託す（部分再生） ●類魂の存在に気づく ●形象の破壊	霊妙体（守護霊）	（類魂）			魂的な人・動物的な人	再生
第三界	幻想界	●飽満と倦怠　★第4次元 ●地上的欲望の充足、いわゆる常夏の国（蓮華の園） ●地上的記憶の世界　★地獄	エーテル体					再生
第二界	冥府	●上昇か下降かを決断 ●複体を脱ぎ捨てる ●地上記憶を点検 ■地縛界	複体エーテル体					
			複体（統一体）	自我	意識	記憶		再生
第一界	物質界	■狂人 ●肉体という物質形態で経験する世界 ●多少の振動の遅速はあってもこうした界域は他の星にも存在する	肉体					

図10

心も芽生えてきます。

第五界はいよいよ一人前として認められた魂が、霊界の住人の仲間入りをするための準備をする世界です。霊界のルールを学び、目的を知る領域です。最終的には、この世界に到達した魂たちの結束を待って次の界へ上昇することとなります。

第六界は、霊としての修業がますます深まります。いわゆる本霊にのぼりつめ、神の世界に入るため、霊の世界での最後の修業の場までできている状況です。もうひとつ上の世界がありますが、霊格としては、すでに不滅となっています。

第七界は最後のゾーンです。彼岸の世界であり、時間や空間の制限を離れた最高の精神世界です。十字論で言う統一の場と同じです。

この世もあの世も生まれたての魂はわがままです

これでマイヤーズ氏が伝言する第一界から第七界までのあらましの解説は終えました。

冒頭で申しあげたように、氏の報告はあの世からの通信です。一方、十字論は私の実生活から生まれたもので、この世の矛盾を統一した考えです。この両者がいかに似ているか、氏の通信と私の十字論との符合点を検証していくことにしましょう。

第一界の物質界は私たちが住んでいる〈この世〉のことです。改めて説明する必要はないと思います。未熟な魂が最初の修業をする所であり、魂はこの世にいる間は物質の制約を受けて暮らします。修業がすむと他の惑星に生まれ変わっていきますが、この世界の特色は粗い波動と緩慢な変化だとマイヤーズ氏は述べています。

この世界は十字論で言えばA枠に例えられます。氏の言う粗い波動と緩慢な変化は、A枠に生まれた魂の初期の修業としても欠かせません。あの世（E枠）から生まれたての魂は、この世（A枠）では新参者ですから、当然、粗くて緩慢な指導が受けられる環境でないと修業ができません。まだ、自由とわがままが住める環境が必要なのです。

霊界は球状思考になっています

さて、マイヤーズ氏は、この世とあの世の中間には〈冥府界〉が存在すると伝えています。この世界は私の解釈によれば、境界・移行の中間地点だろうと思います。十字円盤で言えばA枠からB枠に移行する中間地点にあたります。

「臨終後、肉体からぬけだした魂は〈複体〉を携えて冥府界へと旅立ちます。この複体は、睡眠中にぬけだす〈幽体〉とは異なります。

冥府界に至った魂は、物質界に色濃く執着を残す者と、諦めてさっさと次の世界に行く者とに分かれます。普通の人であれば三〜四日で複体をぬぎ捨てて、冥府界を順調に通りぬけていきます。そして、ぬぎ捨てられた複体を、地上の敏感な人が幽霊と見間違えることがあるのです。

物質界への思いが断ち切れない霊は、地縛霊または自然低級霊に憑依されて自らも低級霊となり、地上圏近くでさ迷いながらとどまり続けるのです」(参考『不滅への道』)と、マイヤーズ氏は報告しています。

注　複体＝物質に最も近い目に見えない霊的身体。

冥府を含めた〈あの世〉は、臨終の後に行く世界ですから、まだ生きている人から言えば、関係のない話と言えるかもしれません。しかし氏のこうした霊界構造の報告は、私にとってはじつに驚きそのものでした。

睡眠中の真夜中とか早朝、または肉体のトレーニングが終わった直後に突然、十字円盤の図柄とかその補足とかが浮かんでくるのですが、この図柄の球状思考とマイヤーズ氏の〈あの世〉からの通信内容がまさかと思うほどに酷似していました。それはまるで生きたままの私の魂が、マイヤーズ氏の言うあの世と、十字論のこの世で〈魂の旅〉を続けながら、十字論の奥義を教わってきたのではないかと思えたほどです。そして、この現象はまた、幽体離脱（アストラルトリップ）とも言えるものでした。この旅路は脈拍が希薄になったり、自分の目で自分の姿を見ることもできました。また、過去・現在・未来の出来事を知ることもできたのです。

ところでマイヤーズ氏の記録を日本に紹介した方は、こうしたあの世のことについて次のような感想をもらしているのが印象的でした。

「仏教説話に語られている閻魔庁の話は、マイヤーズ氏が言っているような世界を寓話的に表現したものではないでしょうか……」

非常に興味のある話だと思います。

この世とあの世はつながっています

ここで、私の確信の根拠となっているエピソードを述べておきましょう。読者の皆さんは幻想と思われるかもしれませんが、それは私が二十九歳のとき、閻魔大王を目撃した話です。

私が会った閻魔大王は、絵や彫刻などで見るお方とは、似ても似つかない容貌でした。顔の下部がとがった顔立ちで、丸い大きな目をしていました。全身から金色の光を放射し、荘厳そのもののお姿です。その頃の私は神仏についての知識はゼロに等しく、まして心霊などという言葉すら知らない世界で生活してきました。

私はただ呆然とその姿を見ていました。そして、今でも忘れられないのは、その大王がある女性の姿とオーバーラップした状態で出現なされたことでした。彼女は普通の主婦です。霊能者の看板を掲げているわけではないのに、最近では役所関係の人などから人事問題の相談を受けることがあるとのことです。聞くところによると、その方の先祖には奉行《ぶぎょう》職をつとめられた方がいるそうでした。この世とあの世の繋がりの仕組みにつくづく感心させられたものでした。

魂は愛されることで浄化します

次は第三界（幻想界）ですが、このゾーンは地上の記憶をもとに作りあげられた理想の世界です。複体（前出）を脱ぎ捨てた魂が次の世界をめざしてさらに精妙な幽体をまとっていく世界です。第五界の霊たちの管轄下におかれ、最初の間は縁故の魂や先輩の魂が新参者の魂に好意を持ち、新しい環境作りのためにいろいろとアドバイスしてくれる領域で、地上での生活が大きく影響します。

十字論のＢ枠もこの第三界と同様、物質を離れ、欲望を捨て去った世界です。物質世界でしか通じない複体を捨てたということはそういうことです。複体を捨てて、より精妙な幽体に進化しないと、従順の世界であるＢ枠に進むことはできません。

また、Ｂ枠は個から集へ移行する準備期間ですから、集のまとめ役であるＤ枠、マイヤーズ通信によれば第五界からの管轄下におかれるのは当然ということになります。

この間の状況をマイヤーズ氏は次のように語っています。

「①……地上の記憶の貧しい人、②好意を抱いてくれる魂が少ない人、③高次の霊から評価されない人、④他人を愛する心の欠けている人、⑤想像力の貧弱な人などは、幻想界での生活は惨めなものになります」

実社会においても、個の魂が集の魂たちの仲間入りをするとき、①〜⑤の欠陥があれば惨めな結果になるのは明らかです。マイヤーズ氏が言うまでもなく、十字論でも強く要求される条件です。

マイヤーズ氏はさらにこうも伝えています。

「想像力が豊かなことは次の界への上昇に大きな意味を持っている……」

地上界で残忍な生活をしてきた人は、幻想界でもますます欲望がつのり、きりのない満足を求めて次第に陰惨になっていくそうです。性の満足を過度に追いかけた人も同様ということです。幻想界の下部は、このような人たちが住む地獄絵の世界だそうです。それにくらべ、上部は夢のような仮天国で、ここに住む魂はすでにそれなりの力を得て、努力し

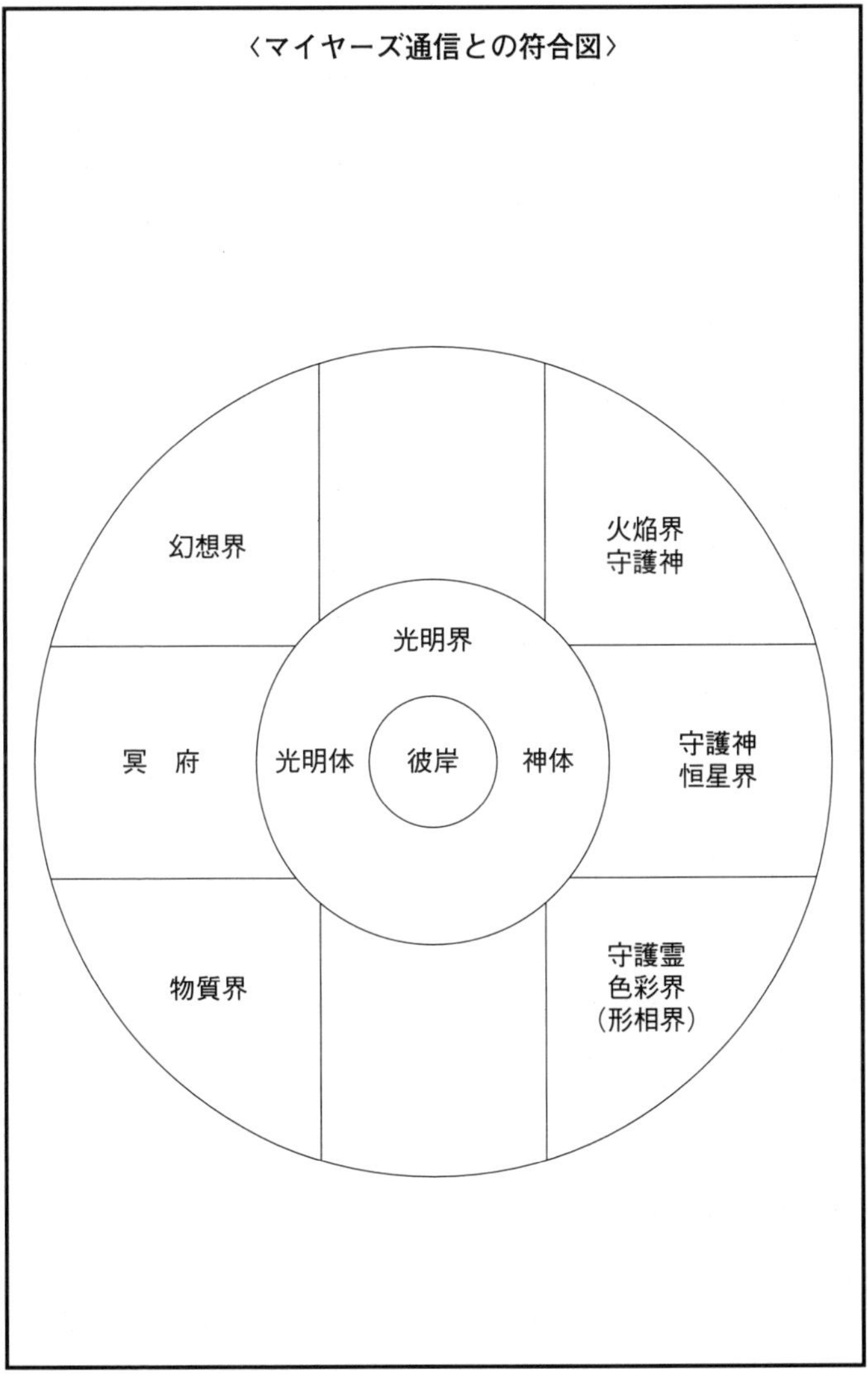
〈マイヤーズ通信との符合図〉
幻想界
火焔界
守護神
光明界
冥　府
光明体
彼岸
神体
守護神
恒星界
物質界
守護霊
色彩界
(形相界)

図11

なくても望みが容易にかなえられるということです。

霊媒師を通じてもたらされる霊の世界の報告は、ほとんどがこの幻想界からの報告で、「魂は自分の周囲で展開する夢のような生活を報告しているにすぎません……」

ということだそうです。

偏見や妄想が矛盾の心を作ります

次は第四界の色彩界への旅です。この世界は、前の幻想界と異なり地上界とはほとんど訣別することとなるそうです。というのは、地上界の人は宗教的偏見や妄想にとらわれているため、この界からの情報を受信しても理解できないからということだそうです。

これを、十字論で言いますとC枠にあたります。つまり、第四界は集団の世界ということです。まだ個人の働きしか知らないA枠・B枠の魂たちに、集団の働きを説明しても理解してもらえないのと同じことでしょう。家庭の場合で言いますと集団の代表が親、個が子供となります。親の経験を持たない子供は、親の意見をなかなかわかってくれません。

会社で例えてみますと、経営者と労働者という関係になります。経験を持たない子供、つまり労働者側はどうしても、偏見や妄想にとらわれやすくなります。

マイヤーズ氏はこの世界を次のように通信しています。

「この世界に入るには、魂はより霊妙な身体を完成させなければなりません。完成した身体は驚くべき速さで振動しており、輝きと流動性を増します。色彩界の魂は、姿や環境を自由に作ることができますので、自分の希望に合わせて独自な形を作ります。つまり、発明家の生活に似た真の想像力が働きだします。そして、新しい形を創造するために徹底した破壊が行われ、形の鈍化と理想化が図られます。あらゆる原形が存在するのが色彩界であり、幻想界と違って、また新たに努力と競争が開始される世界です……。私は死後三十年かかって、現在やっとこの世界に到達しましたが、ここには、偉大なインドのヨギ、中国の賢者、徳のあるキリスト教の牧師がいます。彼らはここを至高の天上界と思い、ある者は第三界に、ある者は第四界の下部にいつまでもとどまっています」

注　ヨギ=ヨガ（ヨーガ）を行う人。ヨガとは人間の五官を心と結びつけて浄化し、解脱の境地を高めるというもの。正しい姿勢、呼吸法、瞑想法が自然の摂理にしたがって体系づけられている健康法。

指導霊・守護霊は同じ性格をもつ霊集団の先輩です

この報告を十字論に置き換えてみましょう。

B枠の魂の環境はA枠をもとに作りあげられるので、A枠の本能・わがままとB枠の従順の規制を受けています。したがってマイヤーズ氏の言う色彩界の魂のように、自由で、自分の希望に合わせて姿や環境が作れる、というわけにはいきません。

C枠はいままでの生活（個的生活思考）を破壊し、理想の新生活（集団的生活思考）を作る場ですから、理想化に向かってあらゆる原形を生む自由な意志が生まれます。だからこそ、芸術・発明が芽生えるのです。この世界は驚くべき振動と輝きをともなうとマイヤーズ氏がつたえる通り、私の体験では立っていられないほどのものでした。マイヤーズ氏の報告は驚くほどいつも具体的です。

また色彩界の特色として、マイヤーズ氏は類魂について重大な伝言をしています。旅を重ねてきた魂は、この界で初めて自身が類魂であることを知り、指導霊・守護霊もじつは類魂としての先輩であったことを知らされるのです。つまり、それまでの自分はまだ霊界の戸籍については何らの知識もなく、ただ指示にしたがって動かされていましたが、各界での修業を積んできて、この界でやっと仲間として認められ、一人前扱いをされ始める、と言っています。

ある類魂のグループの傾向が音楽に強いと、その類魂グループから地上に送りだされた魂は、この世で音楽の天才になるそうです。そして類魂集団の単位としては、小は家族の類魂グループを始めとして、いろいろな単位の集団があるということです。

このことについてマイヤーズ通信の著者は、

「二十世紀になって初めて類魂の神秘が語られた……」

と記しています。

再生とは類魂に託された共感です

このような状況を私のケースで考えてみますと、私をこの世に送り出した霊グループは、超常現象をつかさどる集団なのでしょう。信者さんの希望を神（霊集団）にお願いし、その願いが集団の意に添えば、ただちにかなえてくださるのが現実です。私自身は信者さんの希望をかなえることはできません。ただひたすら神にお願いすることで霊現象が起こるのです。このことからして、私はマイヤーズ氏が伝えていることは真実だと思います。

次の第五界である火焔界は、魂的な人と霊的な人との区別がなされる世界です。マイヤーズ氏はこの世界を次のように伝えています。

「動物的・魂的段階の人がいるのは、だいたい第四界の中頃までです。その人たちは原則として再生します。再生の必要のない人は霊的な人で類魂的意識が目覚めており、他の魂の経験を学びとる力を持ち合わせているので、再生して修業を繰り返す必要がないからです。

再生は普通三～四回、多い人でも六回くらいまでです。再生をする魂は第四界のある部分で、自分が地上で体験したことをこの世に再生する類魂の魂にまかせます。そうすることで自分の一生を振り返り、生涯を共感し、そして出直すのです。また、幻想界レベルで地上経験に執着の強い魂は、地上界よりももっと物質的な惑星へと転生することもあります。けれども、第四界で十分な修業を積んだ魂は、第五界の下部にあたる恒星または太陽に転生します。ここは第五界の正式な住人となるために必要な一時的な修業のための赴任地なのです」 (参考『不滅への道』)

色彩界は霊魂が入り混じった世界でしたが、ここ第五界は霊だけの世界です。魂の意識にさよならを告げ、霊的意識(類魂的意識)が高まっていく世界です。

マイヤーズ氏の魂はまだこの世界に到達していないので、こうした通信は先輩の霊から聞いたり、大記憶庫から学んだり、変性意識状態で知ったということです。

この領域を十字論では次のように検証します。

再生は魂を進化させる修業です

C枠は個的意識の魂と集団的意識の魂が混じり合って存在する領域です。魂（個）が霊（集団）の仲間入りをする一歩手前の世界です。次の枠に進むには、霊的意識に目覚めないと行くことができません。それにはサラサラとした魂の交流が行われねばなりません。サラサラとした交流とは、すなわち、他の魂の経験を学びとることです。自己の経験なくして、未知の世界を知ることができる能力を身につけることです。この能力を身につければ、もう再生する必要がないことはおわかりいただけるでしょう。一方、交流に失敗した魂は、A枠・B枠に戻り、メビウスの回廊を通って、類魂たちの指導・守護を受けつつ、再び修業の旅路に着くこととなります。

第五界についてマイヤーズ氏はこう伝えます。

「太陽人は火に包まれた体をしています。普通、人の体の原子構成は七年間で入れ替わりますが、太陽人はわずか一秒で生まれ変わることができます。思考能力の速さも同様で、人が〈なめくじ〉ならば、太陽人は〈つばめ〉です。地上圏の影響力から離れ、個性を超越し、宇宙人格ともいえる心構えを持った人となるのもこの領域です。

宇宙人格とは、宇宙についての広い知識を持ち、神の子としての観念を身につけた魂です。この能力を得た魂は修業を終えたわけで、次の世界へ上昇していくのですが、その前にもう一度やらなければならないことがあります。それは一時期地球に帰還し、ある地域の支配を任されることです。そのときの魂は、類魂、あるゆる動植物、他の星に転生した魂の生活までが、自分の内に一体として感じられます。そして、物質界の原子や幻想界の環境を自由に動かす力を与えられます。地球の指導霊団として地上の自然現象をコントロールすることもできるし、その運行に関わり、宇宙法則の調和と維持のために働くのです」

（参考『不滅への道』）

ここまで来ると、魂はもはや個別の形を超越していると言えるでしょう。マイヤーズ通信の著者は第五界の魂について、日本の神話で言うところの〈神〉にふさわしく、産土神《うぶすな》に似ていると述べていますが、私も同感です。十字論のD枠にあたる魂たちの状況とそっくりです。再生についても、今更説明するまでもないでしょう。メビウスの回廊をめぐる魂の旅と符合していることがわかっていただけると思います。

あの世の現象はこの世の奇跡です

では、この世界に到達すると、現実にはどんな現象が起こるのでしょう。私の体験からお話ししましょう。

まず全身が異常なほど熱くなってきます。顔色も赤くなり、まさに炎に包まれたようになります。すると、いわゆる超常現象が表れます。さっきまで動いていたテープレコーダーが突然停止したり、ひとりでに冷暖房機のスイッチがオンになったり、ラップ現象が始まったりします。そんな状態が繰り返されますと、周囲の人々の病気がいつの間にか治ってしまったり、軽くなったりするのです。二十六歳の青年の身長が一カ月足らずで五㎝も伸びたこともあります。このような例は外にもあります。O脚が矯正された人も何人もいます。痛みも感じないので本人すら気づかずに治ったりします。そんなとき、私は体全体が浮揚感に包まれ、とても立ってはいられないような感覚状態になります。

注　ラップ現象＝心霊現象の起こる間、または心霊現象の起きている最中にいろいろな音が聞こえてくる現象を言う。手を叩く音、歩く音などが一般的に知られている。

また太陽人の原子の入れ替えはたった一秒しかかからないとマイヤーズ氏は通信していますが、これなど、「エイッ」という掛け声と共に一瞬にして患部を治療してしまう私の治療法の有効性を証明しているのではないでしょうか。

総合合理（前出）に気づき、奇跡を体験した二十九歳のとき以来、私の人生は十字論を完成させるための長い旅路でした。それはまた別な見方をすると、マイヤーズ氏が伝えるあの世の構造と十字論とが〈表と裏〉の関係にあり、二つの世界のつながりを証明する旅であったのかもしれません。

ですから、総合合理を教えられてからの二十年間の生活は、それはそれは楽しいものでした。人との交流もそれまでとはうって変わり、窮屈さがとれて緊張感がやわらぎ、とてもラクになったものです。

仕事上ではアイデアが次々と浮かんできました。そして、その後の十年間は十字論を生みだす死闘の人生でした。

総合合理の球状思考が私に与えてくださった能力は、普通の思考能力とくらべはるかに素晴らしいものでした。通信にあるように、つばめとなめくじの差が感じられました。十字論の球状思考では、このようなことが次々と起こるのです。そして、こうした現象を起こすことができる魂は、すでに霊という神性を身につけているということなのです。私が与えていただいたお力が、大霊魂の指示で、この地上でどんなことをなさなければならないかは、まだまだこれからのことだと楽しみです。

十字論は奇跡を起こす原則です

次の第六界、第七界については簡単にふれておきましょう。第六界はあらゆる霊魂の総本部と考えてください。もはや地上界とは無縁です。第七界に至っては、人知では注釈できない過去・現在・未来のすべてを一瞬に見渡せる場所です。その力は精神世界の最高神として宇宙の内側から全体に浸透しています。宇宙のすべてはこの最高霊によって創造され、個々の魂は神の意識に通じる小さな一点だとマイヤーズ氏は伝えています。そして、神の想像力によって創られた魂はまた、それ自身の想像力によって進化していきます。

十字論もまた、この最高神の思いを基軸とした、進化を目的とした、この世でもあの世でも使える魂の通行手形です。神の心であるE枠に到達するための修業の旅路ではいろいろな奇跡に遭遇します。曲がった背骨がまっすぐになったり、陥没していた頭蓋骨が正常な位置に隆起したり、医者から見離された病気がよくなったり、心配ごとが事前にキャッチできたり、霊能力が活性化したりします。

第7章——神は共存共栄を願っている

〈神智学、日本神道との符合図〉

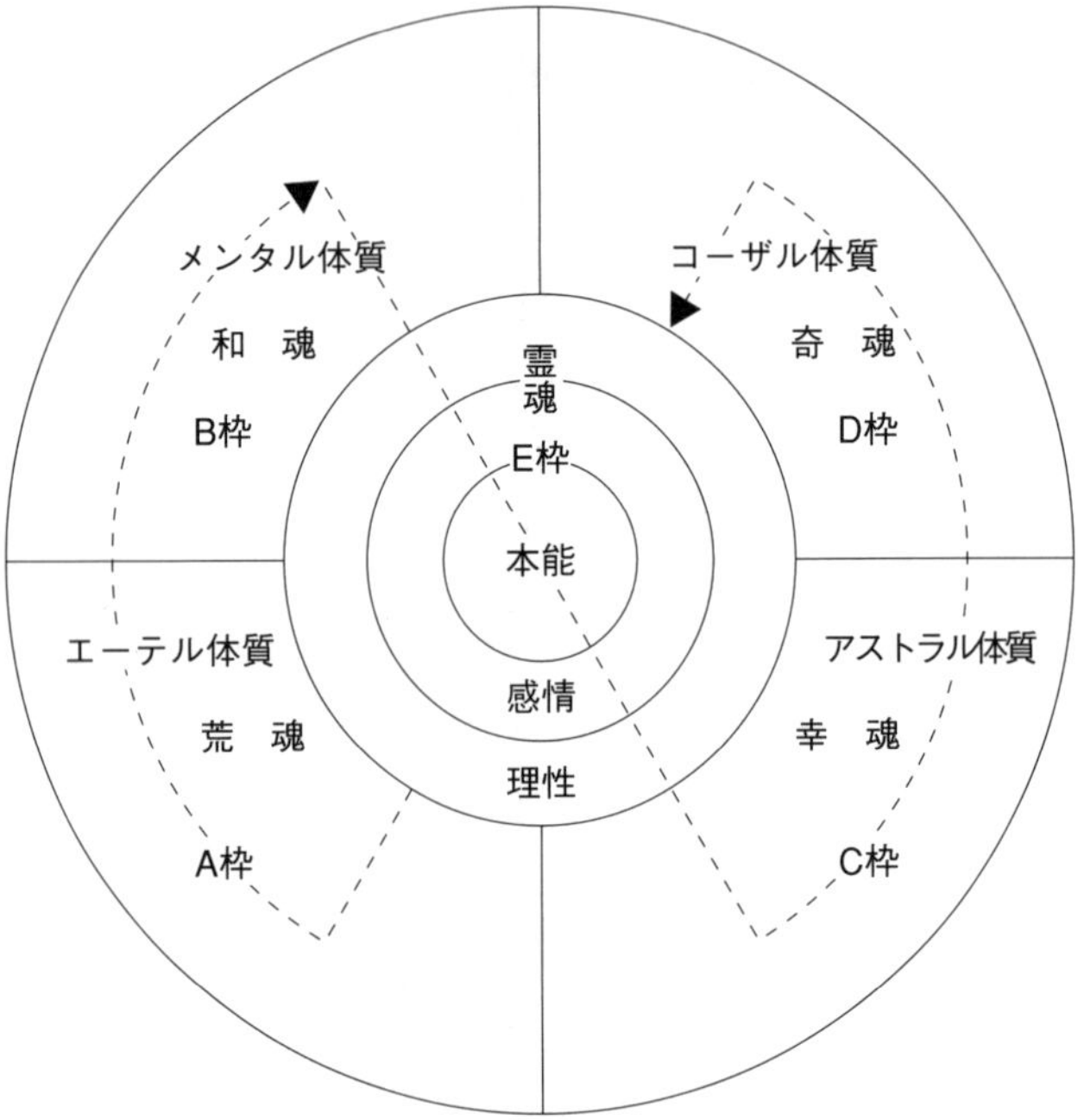

図12

不平・不満を適正化しましょう

改めて説明するまでもなく、〈図12〉の中心のE枠は魂の誕生点です。魂は、神が設定した本能と先祖の生きざまという二つのレンズを透過してA枠へと生み出されます。

E枠での活動が活発だった魂は、その影響を受けてA枠でも行動的ですが、反対に不活発だった魂はこれからの旅が非常に思いやられます。なぜ不活発になってしまうのでしょうか。釈迦の説く『十業』で見てみましょう。

☆身の三悪……殺生・盗み・邪淫
☆口の四悪……嘘をつく・二枚舌を使う・悪口をいう・偽り飾る
☆意《こころ》の三悪……貪《むさぼ》る・怒る・利口ぶる

簡単にいえば、以上の十の心がマイナス要因として作用し、魂の交流を阻害しているからです。これを一般的な言葉に言い換えますと、

〈不平・不満・疑い・羨み・心配・咎める心・いらいらする心・呪い・恨み・せかせかす

る心・猜《そね》み〉

などと、言い換えることができます。

このような心は本能が強欲なために起こるものです。強欲が適正化すればマイナス要因は解消されます。緊張感も緩和され、人生にプラスとなる活発な行動力を持つ魂となれます。しかし、断っておきたいのは、無欲・無暴力・無闘争で生み出した活発は一時的なものに過ぎません。継続がむずかしいと思います。

超常現象にも種類があります

ところでサラサラとした交流にしたがって魂が進化していくと、A枠では念力、B枠では直感力・霊感力などが高揚します。C枠では透視・予知が、D枠では神とのコンタクトすら可能となります。

誤解を避けるために、ここで、超常現象まで起こす力を持った交流について改めて確認しておきます。この著書でいままで使ってきた交流とは〈十字における正しい神《かん》ながらなる交流〉です。くどいようですが、このことをくれぐれも忘れないでください。

ではいよいよ、古来から人の心をとらえてきた神智学や日本神道が十字論とどのように符合しているかを簡単に見てみましょう。読者はきっと、その類似に対し、改めて十字論の神秘さに気づかれると思います。

十字論の最初の修業世界のA枠は、最も物質的でわがままに満ちた領域です。神智学でいえば、肉体（物質）に一番近い〈エーテル体層〉にあたります。日本神道では〈荒魂《あらみたま》〉のイメージに符合します。B枠は和をモットーとする大変にメンタリティに溢れた従順な世界です。神智学では〈メンタル体層〉、神道では〈和魂《にぎ》〉にあたるでしょう。C枠は保護を受けつつ、諸々の神に教えを乞う世界です。厳しくもありますが楽しさにも満ち満ちている所で、霊性が高揚される霊波が発生している領域です。したがって神智学では〈アストラル体層〉、神道では〈幸魂《さち》〉に対応しています。D枠は法則の世界で、明るく普遍性の高いエリアです。神示ともいえる奇跡の発生する場所で、神智学では神とコンタクトがとれる霊波をもつという〈コーザル体層〉、神道の世界では〈奇魂《くし》〉にあたるでしょう。

最後のE枠はいままでの四枠の統一世界で高次な神々の座です。神智学でも最後の目標となる唯一神の座がこれにあたります。日本神道では四魂一霊という区分のうちの残る一霊（類魂）がE枠に対応します。

いずれの世界の構造も円盤による十字論の展開図にあてはまっていることが理解できたと思います。

けれどお断りしておきたいのは、超常現象が必ずしもA↓B↓C↓D↓Eと順序よく前進しつつ起こるとはかぎらないということです。例えば、それはA枠からE枠に後退するときにも起こります。この現象を私は〈後退現象〉または〈バック現象〉と名付けています。これを現実で例えますと、仮死体験などの霊体験者のことを言います。十字論の世界では大切な意味を持っていますので、ぜひ記憶しておいてください。

前進現象はサラサラした交流から生まれます

これに対して、いままで述べてきた現象は〈前進現象〉というわけです。どちらの現象も霊道が活発であることに変わりありませんが、両者には歴然とした相違があります。前進現象のほうはサラサラとした正しい交流がその時点のマイナス要因をとり除くと同時に、運命の好転現象が生まれます。実際に幸運がまいこんできます。けれど〈後退現象〉のほうは、マイナス要因をとり除くことは除きますが、仮死体験などといった特別な体験で起こるので、いうなればただそれだけで消極的です。具体的、積極的な幸運を生みだすことは考えられません。前進現象の進化の過程でこそ、魂本来の積極的な力が発揮できるのです。また、前進現象でもない後退現象でもない、親ゆずりの自然現象の場合もあることをつけ加えておきます。

ここで、前進現象を生みだすサラサラとした交流の心構えのヒントとして、神道大祓《おおはらい》全集におさめられた祝詞より『六根清浄大祓』を紹介しておきます。

目に諸《もろもろ》の不浄を見て心に諸の不浄を見ず
耳に諸の不浄を聞きて心に諸の不浄を聞かず
鼻に諸の不浄を嗅《か》ぎて心に諸の不浄を嗅がず
口に諸の不浄を言いて心に諸の不浄を言わず

身に諸の不浄を触《ふ》れて心に諸の不浄を触れず
意に諸の不浄を思いて心に諸の不浄を想わず
その時に清く潔《いさぎ》よきことあり
それは六根清浄なり
六根が清浄すれば五臓は安心なり
五臓安心ならば天地の神と同根なり
天地の神と同根なるが故に万物の霊と同体なり
万物の霊と同体なるが故に願いが成就する

ところで、神智学では交流についてはどのように書かれているでしょうか。日本神道と神智学の違いを図示〈図13〉しながら説明していきましょう。

結論から言いますと、神智学は人を核とした宇宙構造を概念としています。それに対し、日本神道は神の心を核としています。

日本神道では、神は魂と霊との間に鎮座、つまり、霊の手前に位置しています。この構

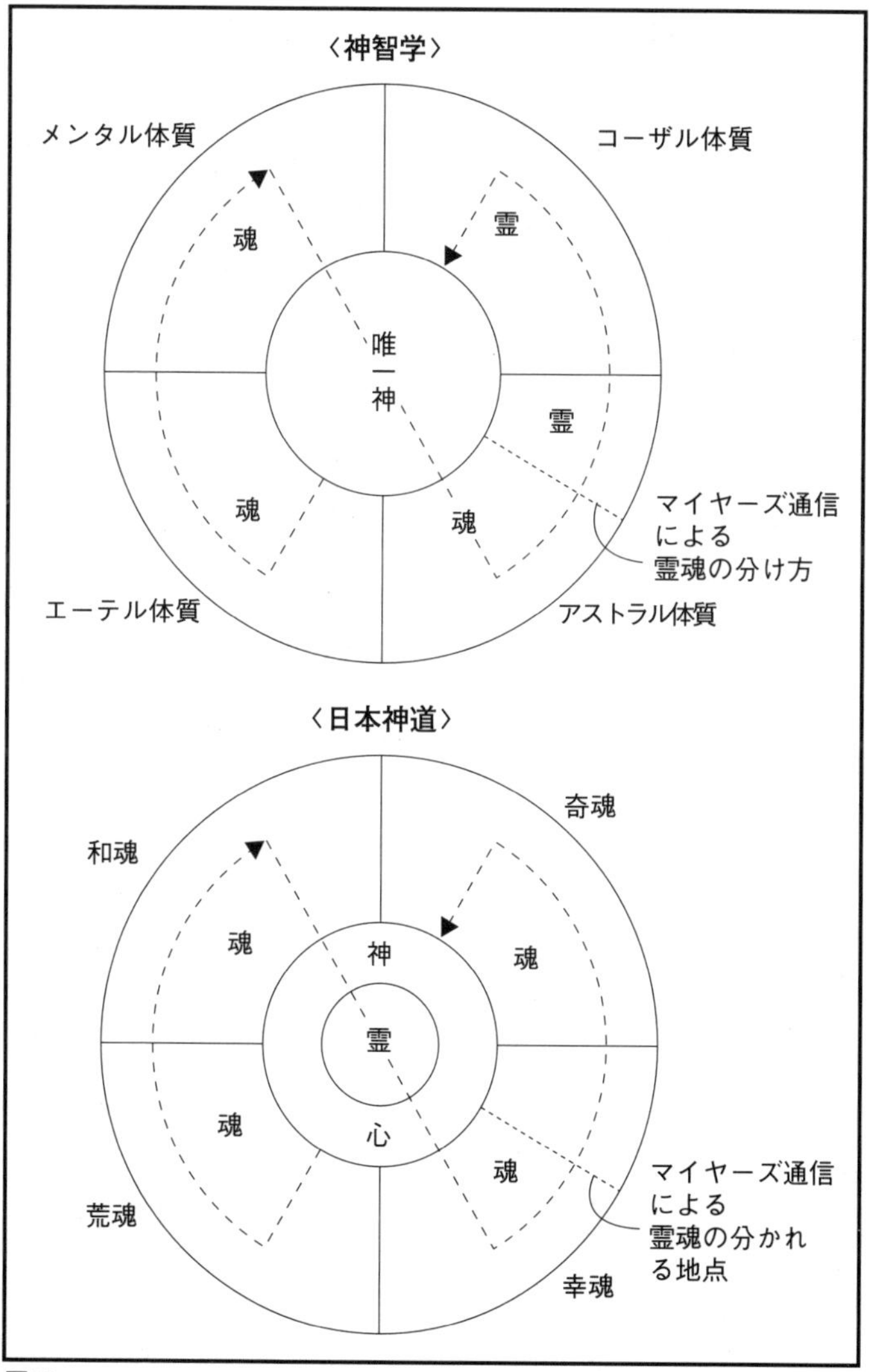
〈神智学〉
メンタル体質
コーザル体質
魂
霊
唯一神
霊
魂
魂
マイヤーズ通信による霊魂の分け方
エーテル体質
アストラル体質
〈日本神道〉
奇魂
和魂
魂
神
魂
霊
魂
心
魂
マイヤーズ通信による霊魂の分かれる地点
荒魂
幸魂

図13

造から考えられることは、聖性化した魂を神とみなしているのではないかということです。我が国の誕生を描いたという『古事記』に登場する神々の姿の実在が、ここに暗示されているような気がします。究極までを積極的に人の手で極めようとするのが神智学ならば、神の尊厳に対してあくまで消極的なのが日本神道です。

魂が高度化しないと奇跡も理解できません

しかし、このような相違も十字論で考えるなら、どちらも0の領域、すなわち知性も感情も超越した地点に神の座が集約されているのに違いありません。修業を積んで高い次元に至れば高い天啓が、さらに進めば、ポコポコと天啓がとびだしてくるようなカラクリになっているに違いありません。

また、魂自体の個性として生まれつきC枠・D枠に強い人がいます。こういう人の場合、せっかく授かった四次元の情報も、それなりの修業を経てからでないと、まだ情報の意味を理解することができません。どんな人もA枠からスタートした修業を体得して、初めてそれぞれの個性を発揮することができるのです。魂が進化するということはこういうことなのです。

ところで、元来、人間は過去の記憶を基準にして生きていくように作られます。当然、前世の記憶も持っています。けれども、その記憶が簡単によみがえるようでは社会は混乱してしまいます。もし見えてしまったとしたらどうでしょう。低次元に住む人間はまだまだ修業が足りず怨念の争いが激烈ですから、どんなことをしでかすかわかりません。ですからそうならないように、神は低次元の人に奇跡をお見せになるときには、催眠状態でしか見せないのです。高次元になって初めて、覚醒状態で情報を受け取ることができるのです。これが、神が決めた超常現象と私たちとの出会いの原則です。

また、高次元・低次元という言い方をしてきましたが、これはあくまで修業の段階を区別する表現です。確かに高次元の修業を体得すれば、神から授かる奇跡のパワーはすぐれています。だからといって、低次元を蔑むような気持ちでいたら、せっかくのパワーも力を発揮しません。互いの次元の修業の経験が手をとり合わなければ、奇跡に出会うことはできないのです。十字論、神智学、日本神道の究極のそれぞれに若干の相違はあるものの、魂はメビウスの回廊をめぐって進化していきます。これが、万物の共存共栄を願っている神の心でもあるのです。

石にも親子・兄弟があります

この項では、十字論の球状思考についてさらに詳しく説明をすすめていきます。〈図14〉を参照し復習もかねてじっくりと読んでください。

まず私の理論の大原則ですが、それは、森羅万象は目に見えざるタテ軸・ヨコ軸の自然法則によって構成されているということです。タテ軸とヨコ軸はそれぞれ時間・空間の意味も持っています。人・動植物はおろか石ころなどの無機質にまでおよんでいます。

すでに述べた通り、タテ軸は生む生まれるの関係を意味します。その流れは先祖→親→自分→子供→子孫……となります。ヨコ軸は夫婦・兄弟姉妹という、生む生まれるに関係のない広がりとなります。

例えば石に目を向けてみましょう。その姿形からは親子・夫婦・兄弟姉妹といったタテ

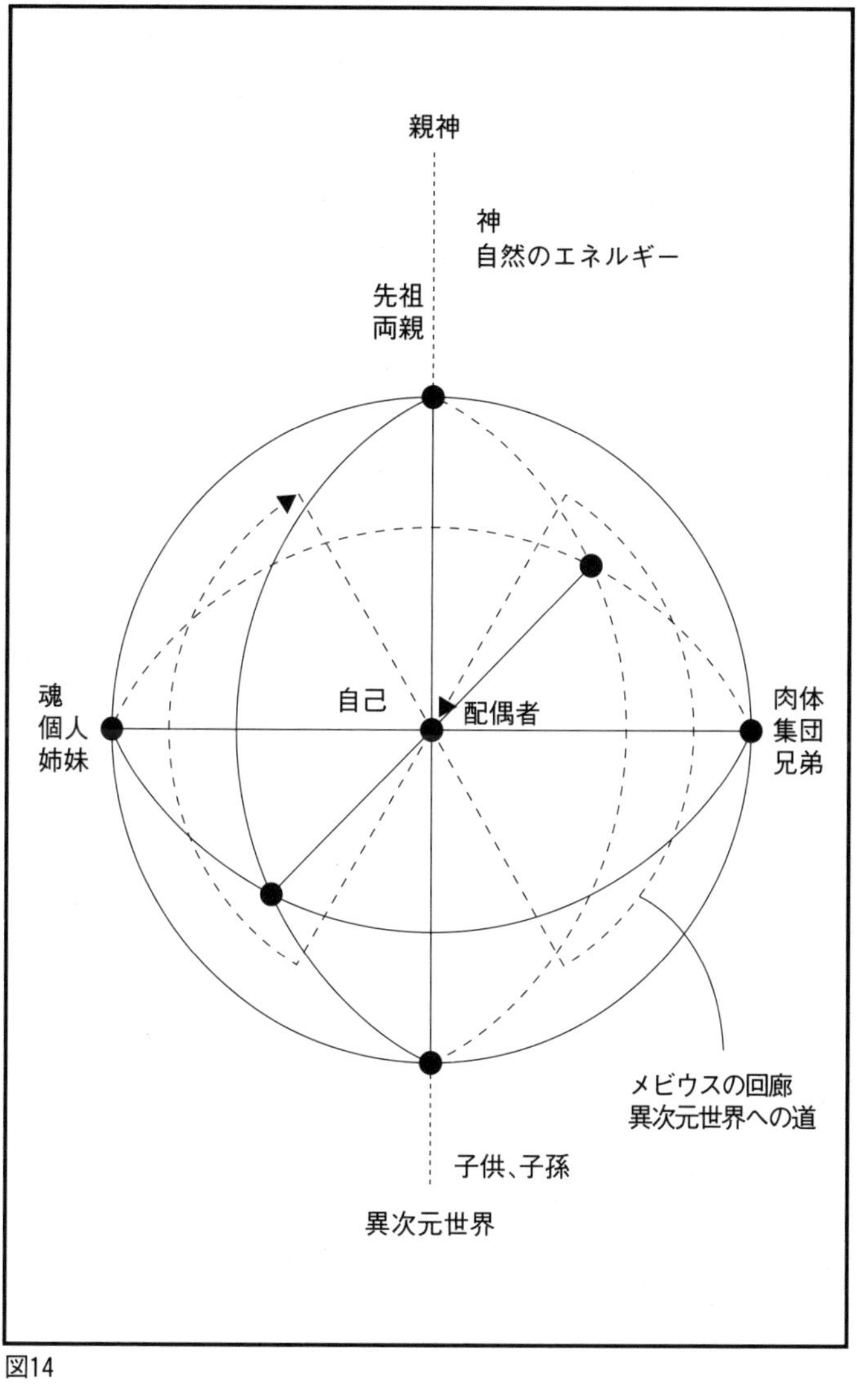
親神
神
自然のエネルギー
先祖
両親
自己
配偶者
魂
個人
姉妹
肉体
集団
兄弟
メビウスの回廊
異次元世界への道
子供、子孫
異次元世界

図14

軸・ヨコ軸の関係は浮かんでこないかもしれません。

しかし、石の命の流れを想定し、時間をずっと引き伸ばしてみると親子・夫婦・兄弟などの関係が考えられます。石が存在するということは石の誕生を意味し、摩滅する性質からは臨終を推定することができます。また多くの石があるということからは夫婦・兄弟の関係が考えられるでしょう。

男女の産み分けは不可能です

ここでいよいよ、私の考えを理解する手助けとして、インフレーション宇宙論を述べておきましょう。

この理論によると、今日の宇宙はまずなにかのはずみで真空から一つの空間が生まれ、その空間が、次に新・旧二つの空間に発達し、〇から一、一から二という原則をもとに急激に増加・膨張して構築されたとしています。その増加・膨張していく段階でなにかがクォーク物質の対、レプトン物質の対を創造していったと考えています。

注　クォーク物質とレプトン物質＝ともに、物質を構造的階層的に構成しているある一段階における粒子、強い相互作用が基本的な特徴となっている。

この物質が宇宙最初の微粒子となります。ときが経つにしたがい、中性子、陽子等ができ、またこの両者の対が結合して重水素やヘリウム等の原子核を作ります。さらに水素とヘリウムの原子核に電子が結合して原子を作り、やがて物質の世界に発展していったと理論展開をしています。この考えからもわかるように〈なにかのはずみ〉とか、〈なにか〉がという人智を超えた部分が宇宙の創造には必須なのです。このなにかがないと、生命を生みだすことができないのです。

これを身近な例にとってみると、思い通りに子供が産み分けられないのと同じです。精子と卵子の結合以外になにかの力が加わって、初めて生命の誕生となります。私が強調したいのはここの所です。これこそ神仏のパワーであり、思いであり、愛であり、奇跡であり、十字の法則です。ですから、人は人の思いと神の思いである十字を重ねることができたとき、奇跡を起こすことができるのです。もちろん、動植物も無機質も十字の法則に制御されています。

すべての関係は動いています

ところでこの十字のタテ軸・ヨコ軸ですが、これは無制限に伸びているわけではありません。十字論が人によって実行されるとき、その広がりは自ずと実行者の能力の広がりに準じます。つまり、その人の活動能力の範囲を超えて存在しないのです。神の心に基づいて、この世の何たるかを大きく考えることができるなら、軸も長く伸びていきます。そして、活動能力の幅に応じてその先端を円状に閉じ、そのなかに十字を重ねたものが十字円盤ということになります。すでに述べたように十字円盤の四区分がA枠からD枠、十字の交差点がE枠となるわけです。そしてさらに、A枠からE枠までのそれぞれの働きを、理の裏と表に分けて実線と点線で表したものが、この項の初めに掲載した球状思考の図というわけです。

軸のバランスがとれた独楽《こま》が、そうでない独楽より回り続けることができるのは、パワーの活用にロスがないからです。軸と本体の十字のバランスがとれているからです。人が独楽を回そうとしたとき、回ることを使命とした独楽にとっての最大の幸福は、いつまでも回り続けることにほかなりません。

私がこれまで話してきました十字の球状思考も、このバランスとアンバランスの矛盾をいかに統一させ、人としての使命をいかに果たしていくか、ということにつきます。

リンゴが丸く見えるのはなぜでしょうか

例えば、A枠とB枠に重点を置いて活動している魂は、C枠・D枠とのバランスを崩します。C枠・D枠に重点を置く魂は偏屈の度合いが高くなります。またB枠・D枠にかたよった活動をしている魂は、己を忘れたり家庭を犠牲にしたりします。中心枠にこだわって活動する魂は、理想のとりことなって空想にふける人生を送ることとなります。けれども、この状態もいわば修業の一つですから、いたずらにアンバランスを恐れることはありません。

ただし、気づかずに放置しておくと、その度合いが次第に深くなります。順逆・過大・

過小の法則に触れて問題を引き起こしてしまいます。そうならないために、統一の心を思い出して反対の枠にも気を使い、思いの逆転劇を演じなければいけません。けれども、ここがむずかしい所ですが、せっかくバランスをとったその場にいつまでも留まることはできないのです。バランスがとれているということは、互いの影響が固定しているわけで、活動も同様に固定化してしまいます。すべての関係性はいつでも動いていますから、その動きに合わせていくことがバランスをとるということです。停滞はアンバランスを引き起こすことになってしまうのです。

私たちがりんごの丸みを感じることができるのは、意識はしていませんが、眼球がいつも微妙に揺れているからです。この動きを固定してしまうと、りんごは平面的にしか見えなくなるそうです。

もうおわかりでしょう。りんごの真実の形は奥行のある立方体なわけですから、その姿を正確にとらえるには、こちらがいつも動いていることが必要なのです。言葉を換えれば、バランスをとるということは、正しい姿を把握するということと同様です。こちらがいつも動いていなければ把握できないことでもあります。こうなってこそ矛盾がコントロールでき、楽しい人生を送ることができるのです。球状思考はそのために欠くことのできない思考体系です。メビウスの回廊への旅は、その球状思考を完成させるための唯一の方法でもあるのです。

球状思考はすべての願いを具体化します

人は回廊を何度もめぐることによって自然に魂の浄化をします。最後はサラサラとした心境に到達し、魂が本来備えているエネルギーを十分に発揮することができるようになります。このとき、魂は直感・啓示・透視・予知など、神との出会いを体験することがかないます。単に知識や観念だけの悟りは退廃的な風流人を生みだしたり、気ままな人を作りだしたりするものです。自らの先入観に振り回されていては、説得力はあるかもしれませんが、だいたいが客観性がともなわないことになってしまうのがオチです。これまで申しあげてきたように、十字は万物の具象化の原理です。森羅万象は十字の形態の中で構築されていると考えます。

宗教の目的は本来、神仏との出会いを最終目的としたものと思います。今日流行の霊魂の話も結局は同じことを言っているのでしょう。つまり、どれもこれもが私流に言えば、見えざる十字の発見につきると思います。

最近、物理学の世界でもこの見えざる世界に関する研究が進んでいるそうです。ダークマターと呼ばれる暗黒物質が、三次元世界の何百倍もの量で存在していると言われています。このように、見える世界と見えざる世界とが係わり合って宇宙は構築されているのです。とすれば、原理はその二つの世界に内在しているはずで、それこそ私の言う総合理の原理です。

長所は短所の上に築かれます

森羅万象は十字より創造され十字論の円盤上にすべて収納できるはずです。簡単なことです。でも、余りに簡単な原理なので納得しかねる方には、仏教の一即多・多即一という言葉を紹介しておきましょう。これは多くの物の存在の中には、その多くの物を一つにまとめる理があり、その一つの理の中には、また、諸々の物がそれぞれもっている理が含まれているということです。つまり、一つは多であると同時に、多はまた一つだという意味で、広大な宇宙も単純な原理に集約されるということなのです。

単純すぎるために理解しにくいところがありますが、むずかし過ぎると実行が不可能となってしまいます。あらゆる動植物や物質が共存することができなくなってしまいます。人は知性的な生き物ですが知だけでは生きられません。知はよりよく生きるためには役立ちますが、どう転んでも命を生みだしていくことはできません。命を生みだすには神仏の力が絶対に必要です。それを可能にするのが十字です。すべては十字の原理に帰します。そして、この原理の上に魂の働きがあるのです。神仏はじつにうまく仕組まれたものだと思います。

最初は複雑に思われるかもしれませんが、単純な原理だけに、理解されてしまえば、後は自動車を運転するのと同じようなものです。深山幽谷にこもって修業をする必要などさらさらありません。むしろ、実社会での修業を体験するほうがずっとずっと効果的です。

というのは、人はよくも悪くも先祖や親たちの生き方の影響を背負わされて誕生しているわけですから、サラサラとした社会適応を身につけるには、そこから修業を始めていかなければならないのです。山にこもって悟りを得たと思っても、賢人ならいざ知らず、結局、一人よがりに終わってしまいます。せっかくメビウスの回廊を旅するにしても、スタート地点が間違ってしまうことになります。ですから、先祖や親が例え失敗していたとしても、今のあなたのスタート地点はここですよ、と、親が教えていることと同じです。それがあなたにとって、じつは最適のスタート地点でもあるのです。そうでないと、あなたの今の劣性や短所はなかなか改善することはできないことになっているのです。いわゆる優性・長所は劣性・短所の変革の上に築かれるものですから……。劣性があるからこそ優性の芽が開くと言ったらいいでしょう。劣性なくして優性もない、というのが十字論の原則なのです。

種だけが生命を生むことができます

ですから、いたずらに親の短所、または子供の短所をあげつらって嘆くことより、その短所は、あなた自身の出発点であり、未来でもあることを認識して、十字論にしたがって修業をし、どうぞ神の心と直結してください。親との正しい交流は、子供との正しい交流であり、ひいては夫婦・兄弟姉妹の正しい交流の元でもあり、あらゆる交流の基本でもあり、それはまた神の心にもつながっているのです。親に反抗することは神に逆らっていることになります。それと同様、子供を自分のエゴでしつけることは、神の心を見失った高慢な心以外の何物でもありません。

このように考えたとき、人は親に対しても神に対しても深い感謝の気持ちが湧いてこざるを得ません。神秘体験も悟りも、十字の矛盾を統一した球状思考でないと一歩も前に進むことができないでしょう。

人の手で作られた器物は器物を生むことはできません。けれど神の創造された〈種〉は、一粒から多くの実を産みだして森羅万象を形成します。器物は三→二→一の道程をたどりますが、種は一→二→三の過程を通って結果を生みだします。器物はそのとき人類に便利さを与えてくれますが、種は生命を与えてくれます。器物もまた生命を元として作りだされたものです。私たちは小さな種に内蔵されたこのような不思議現象を、余りにも当たり前ととらえ過ぎてはいないでしょうか。

そして、この小さな種の前に無意識の十字が内在しているのです。十字の意識から生まれたものはなに一つ軽率に扱ってはいけません。種を絶やしてはいけません。そのためには、どんな小さなことでも大げさに喜ぶことです。この喜びこそ、神への感謝であり生命の存続が実現できる秘訣と考えます。

第8章――嫌いな人が好きになれれば運命が転換する

この世の能力はあの世でも通用します

立花隆氏の『宇宙よりの帰還』に、次のような内容のページがあります。夜間、宇宙のただ中にポカンと浮かんだとき、つまり、上下左右の感覚が混乱してしまうだろうと考えられる状況のとき、人は身体のバランス感覚がどんな具合になってしまうのか、という質問に対し宇宙飛行士のジーン・サーナンは、

「私の宇宙遊泳の前に、そういうことを予想した心理学者がいた。宇宙空間には上下というものがないから、長期間の宇宙遊泳によってオリエンテーションが失われ、心理的におかしくなるだろう、ということだった。ところが、現実にはそんなことは起こらなかった」

と言っています。この体験レポートから考えられることは、人間というものは上下左右の感覚の基準を失っても、肉体的・心理的にはバランス感覚を保ち続ける能力を持っているということです。そして、その能力は宇宙にも通用する感覚だということです。

人間は単に地球の生物であるにとどまらず、宇宙の生物であるための機能も備えている

生物なのです。〈色の仕組み〉の項でも若干説明しておきましたが、太陽光線に含まれない色を見分ける能力を持っていることと同様、生まれつき宇宙感覚を持っているのです。

続いてジーン・サーナンは、「あなたが得たものでなにが一番大きかったか」という質問に対し、

「神の存在の認識だ。宇宙から地球を見るとき、そのあまりの美しさにうたれる。こんな美しいものが偶然の産物として生まれるはずがない」

つまり、創造主の意志なくして生まれるはずがないと言っています。宇宙飛行士は地球の裏と表を同時に見ることを体験した数少ない人間です。頭のなかで考えたのではなく、現実に一体化した地球の姿をその目で見すえることができたサーナンは、まさに私の主張する総合合理という十字論の原理の一端を裏付けてくれているようです。

「夜明けの地域と日没の地域が同時に見え、地球が回転し、時間が流れていくさまが観察できる。それはまさに神の目で世界を見ていることだ。私は人でありながら、目だけは神の目を持つ体験をしているのだと思った」

大変印象的な感想だと思います。

０地点ではすべてが一瞬のうちにわかります

またアーウィンという別の飛行士は月面に立ったとき「神はいる……」という臨在感を実感したと言っています。そしてその感覚は、知的認識を媒介したものではない、もっと直接的な実感そのものだと語っています。

恐らくアーウィンは月面に立って、初めて神と直結したのでしょう。月面での作業がうまく進行しないとき、母国アメリカのヒューストンに問い合わせる時間がないとき、氏は、

「どうすればいいのですか……」

と神に問うと、すべてが一瞬にしてわかったといいます。きっと神が教えてくれたのでしょう。私にはそれがよくわかります。私が、球状思考の０地点に立って無抵抗になり、神にすべてをまかせきって問うたとき、一瞬にして答えが浮かび上がってきたのとまったく同じです。そのとき、神は数字・映像・図柄・体感などのいろいろな方法で教えてくだ

さいます。浮かび上がった瞬間は、わからないことがしばしばありますが、しばらくすると判別できるようになります。

浮かび上がってくる映像についてもう少し説明しておきましょう。

真夜中、眠っているとき、誰かに起こされたような気がして目が覚めます。その直後に図柄と文字がテレビの画像を見るように、頭のなかにくっきりと浮かび上がってきます。その絵柄を素早く手元のノートに写しとっておくのですが、こうしたことが連日だと辛いものがあります。

しばらくすると絵柄が理解できるようになりますが、今度はその完全な理の展開に驚かされることとなります。また、読書をしているときや神棚の前で運動をした後などに、浮かび上がってくることもあります。これらの絵柄はどれも十字論を説明するものばかりです。私はこれを、あの宇宙飛行士と同様、神からのプレゼントだと思っています。アーウィンもサーナンも表裏が一体となった地球を無重力状態のなかで見たわけですが、これは十字論でいうところの無抵抗状態、つまり0地点に立ったときに起こる奇跡現象を、彼ら二人は語らずして証明してくれていると思います。

その後、アーウィンは伝道者として、サーナンはビジネス界でそれぞれ成功していると いいますが、彼らがサラサラとした交流の実践者であることは間違いないと思います。

「交流分析」は神からの贈りものです

アメリカの精神分析医エリック・バーンの画期的な自我分析法である「交流分析」の紹介に入る前に、私がバーン氏を知ったいきさつについて説明しておきます。そのきっかけは、いつものことですが、相談者のお一人が九州大学名誉教授である池見西次郎《ゆうじろう》医学博士の著書を持参してくれたことに始まります。

本の題名は忘れもしません。『心療内科』です。自宅に帰ってその本を開き、目次をパラパラとめくっているうちに、私は次第に胸がドキドキしてきました。不思議な力に引き寄せられるように目を止めたその部分に、つねづね考え続けてきた〈交流〉という二字が並んでいたからです。多くの奇跡現象に遭遇しながら、不安のなかで、相談者の方々の悩みを解決していくことに専念していた当時の私にとり、この事件はそれこそ神に出会ったのと同然でした。

そのとき、すでに十字論の球状思考は完成されてはいたのです。けれどこれが果たして神の心にかなったものかどうか、浅学の私にとり、毎日が苦しみの連続でした。でも、この本に巡り会えたことで不安は消え去りました。

私は後日、この本をプレゼントしてくれた人に、

「ありがとう。あなたはよくぞこれを持ってきてくれました。世界的権威である医学博士の思考と十字論の球状思考が、こんなにも似ているのにはびっくりしました。これからはみなさんに一層の自信をもって私の考えを披露することができます」

と、お礼を言ったものでした。ところがその人は、

「そんなことが書いてありましたか。じつはまだ読んでいないのです」

とても意外なご返事でした。その方は内容も知らずに買ってきて、それを私にプレゼントしてくれたのです。神業ともいえる出来事です。きっと無意識のうちに神の手伝いをされたのだと思います。

それから私は、バーン氏の考えをもっと深く知ろうと本を探したのですが、見つけるこ

とができずに日が経っていきました。そして再び「交流分析」を解説した心理学者の樺旦《かんばわたる》純氏の著書『心理おもしろ事典』（三笠書房）に出会うことができました。

この本は池見先生のものよりも具体的に紹介されていました。この本を読んで、私は私の理論についての自信をさらに確信することを得ました。十字論と対比しながら原文に沿って、まずはバーン氏を紹介していきましょう。

十字論はバーン氏の人間観察と酷似しています

エリック・バーン医学博士は、精神分析学者ジグムント・フロイト、ユング、アドラーたちの流れをくんでいます。氏はフロイトのいう超自我（倫理的、道徳的なもの）をＰとし、自我（論理的、合理的、現実的なもの）をＡ、エス（本能的、衝動的なもの）をＣというように三つに分類しました。Ｐは親のような自我の状態、Ａは大人の自我状態、Ｃは幼児的な自我状態であり、人はこの三つの心で構成されていると考えます。

Ｐは幼児期に育ててくれた人、つまり両親等から影響された心の働きで、自己批判的・

権威的・理想の追求といった心の動きをさします。Aは大人として成長するにしたがって経験的に習得した心をさします。Cは幼児期の体験が形成した本能的な心の動きをさします。これを表にしてみましょう。

この三分類の方法は十字論と同じです。集団は親心のPで、個人は子供心のCで、結合部分は大人心のAにあたります。

次頁の図は、一番上の段がP・A・Cの理想的な心の状態を示しています。三者の心が平等に働いている状況です。次の段は、子供に対する親の世話好きや権威の心が強く働いている状態です。子供に不自由をおしつけています。次の段はPがCを追い出し、Aを疎外して窮屈にしています。

親心が子供心を理解できず子供の自発性を汚染しています。つまり、子供は親の命令がないと行動できないようにされています。

最後の段ですが、ここはPがCに追い出されてAに汚染されている状況です。子供が親のしつけに耳をかさず、大人心の成長を阻害しています。

わがままがすぎている状況といえるでしょう。

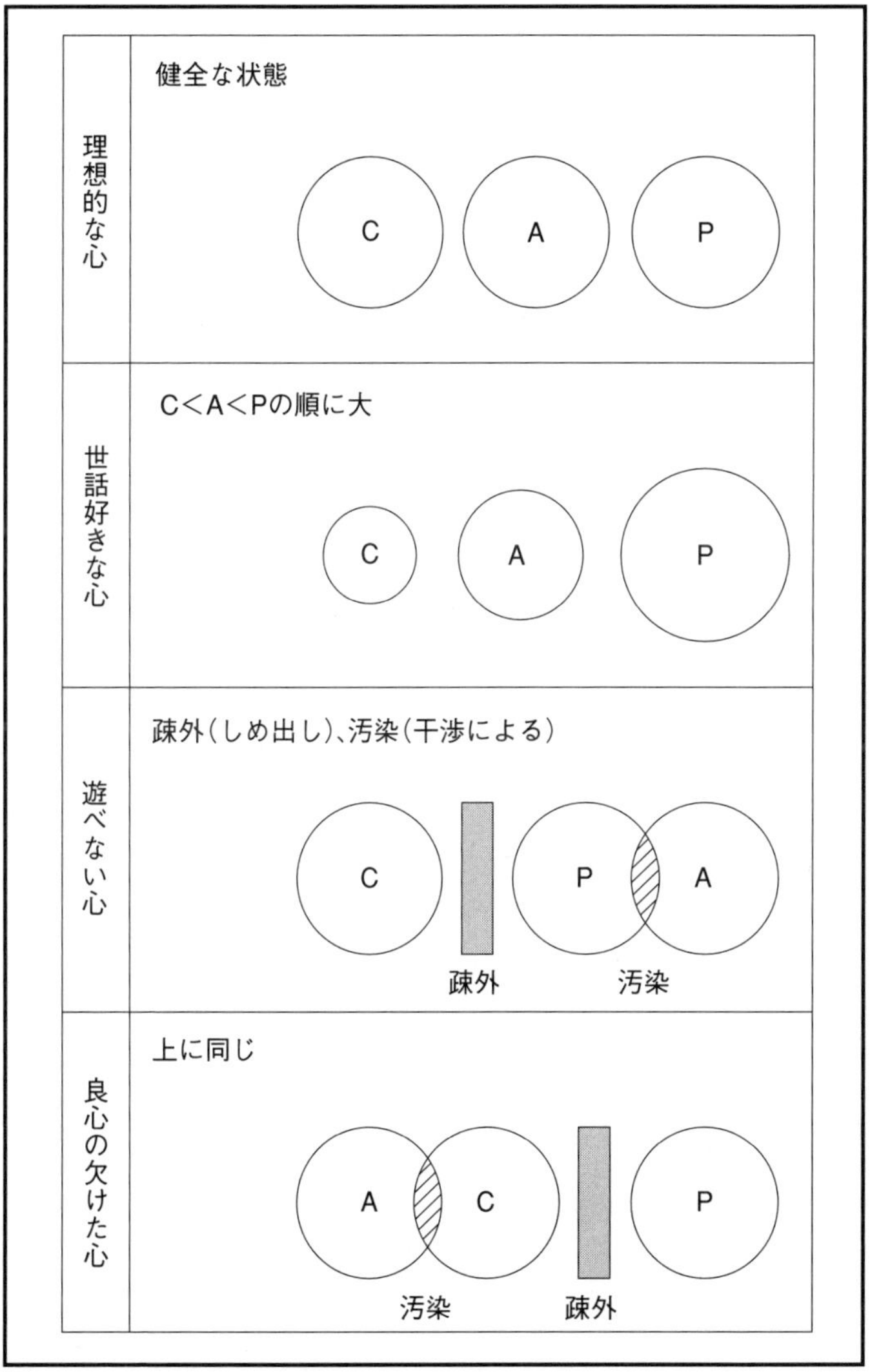
理想的な心
健全な状態
C
A
P
世話好きな心
C＜A＜Pの順に大
C
A
P
遊べない心
疎外（しめ出し）、汚染（干渉による）
C
P
A
疎外
汚染
良心の欠けた心
上に同じ
A
C
P
汚染
疎外

図15

親とのスキンシップしてますか

この分類を十字論で説明すると、次のようになります。まず理想の状況は、もちろん一番最初の段の心のあり方です。自己と他者の順逆・過大・過小の交流がすべてうまく運んでいます。魂はすでに、枠で言えばD枠に達していま す。二段目は過保護・集団愛型です。C枠にあたります。三段目と四段目はそれぞれ、親と子のバランスの悪い過大と逆状況を示しており、A枠・B枠で修業中といえるでしょう。さらに「交流分析」では、人生の基本的な構えを、次の四つのパターンに分類しています。

①自分にも他人にも肯定的な信頼感を持つ
②自分には肯定的だが、他人には否定的な信頼感を持つ
③自分には否定的だが、他人には肯定的な信頼感を持つ
④自分にも他人にも否定的な信頼感を持つ

以上について十字論の世界から一考してみましょう。

①は理想的なタイプです。自分とも他人ともだいたい無理なく上手に交流していける人です。②は行動パターンが自己中心的な人で相手をマイナスの立場に追いこんだり困らせたりします。他人の意見に対して聞く耳を持たないワンマンタイプです。③は自己嫌悪感・自罰感が強い人です。悲劇の主人公にふさわしい人でしょう。④は閉鎖的な人です。誰に対しても冷笑的な態度で接するネクラな人です。

この四つのパターンが、主に乳児期の母親のスキンシップのあり方で決定されるとエリック・バーン氏は言います。子供は母親との交流から「自分はこの世に存在する価値があるのか」「この世は信頼していいものかどうか」を感じ、その答えがそのまま人生に対する基本的な態度となり、そして、四つのうちの一つのパターンを選択し、その上にさらにしつけが強化され、対人関係の複雑化に合わせてパターンそのものも複雑化し、やがてその人に一生つきまとう行動パターンの原型として、心の奥底に焼き付けられていくといいます。この傾向は三歳から十歳くらいの間に完成されるそうです。

この「交流分析」から読みとれることは、親子のスキンシップやしつけがいかに大切なものかということでしょう。子供にとり、これからの人生を幸福に過ごすことができるかどうかは、まさにこの点にかかっているからです。とすれば、親や周囲の人たちに感謝の思いを深めていくことが、人生で幸福をつかむ秘訣だ、ということもわかっていただけるでしょう。

自分のことが一番わからない

ところでサラサラとした交流を実行するにあたってもう一つ忘れてならないのは、自分を知ることです。これはいうは易く行うは難しです。誰でも自分のことは知っているつもりでいますから、それだけに自分を知ることは難しいことです。「交流分析」はここのところにもきちんと目を向けています。自分を知るてがかりとして〈エゴグラム〉と呼ぶものを紹介しています。簡単に説明しておきましょう。

エゴグラムとは自我状態の構造分析です。なにやらむずかしい訳語ですが、自分でも気づいていない本当の自分の傾向を分析したものと考えればいいでしょう。それを五つの型

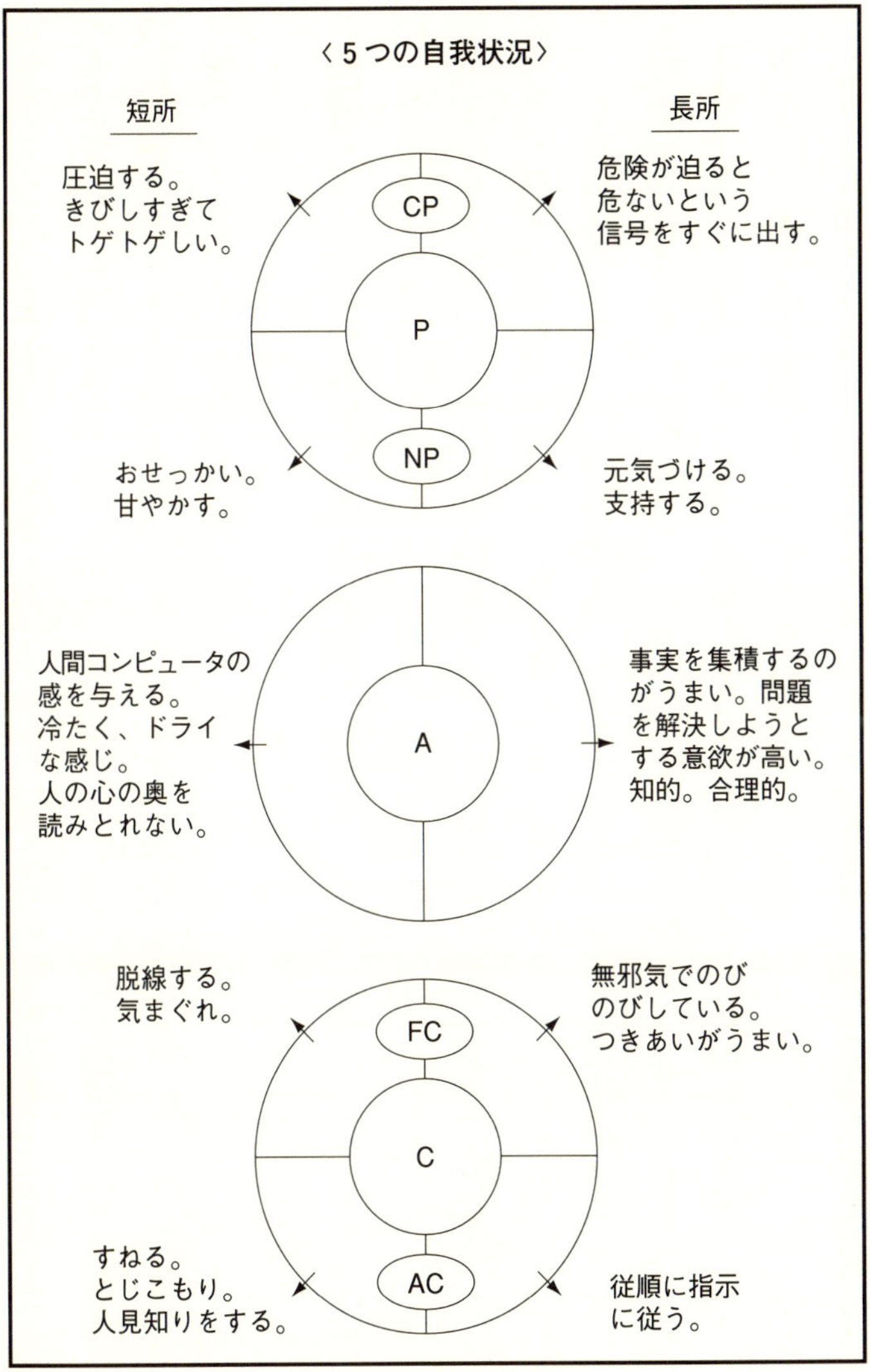
〈５つの自我状況〉
短所
長所
圧迫する。
きびしすぎて
トゲトゲしい。
危険が迫ると
危ないという
信号をすぐに出す。
CP
P
NP
おせっかい。
甘やかす。
元気づける。
支持する。
人間コンピュータの
感を与える。
冷たく、ドライ
な感じ。
人の心の奥を
読みとれない。
A
事実を集積するの
がうまい。問題
を解決しようと
する意欲が高い。
知的。合理的。
脱線する。
気まぐれ。
無邪気でのび
のびしている。
つきあいがうまい。
FC
C
AC
すねる。
とじこもり。
人見知りをする。
従順に指示
に従う。
図16

に分類しグラフ化したものがエゴグラムです。ひと目で自分の性格や欠点、もちろん長所もわかります。五つに分類された構造は、その人にとって人生の羅針盤を果たすもので、十字の円盤にもピタリと重なります。

では、その五つの類型について解説していきましょう。

まずさきほど述べたＰ、Ａ、ＣをＣＰ（Critical Parent）、ＮＰ（Nurturing Parent）、Ａ（Adult）、ＦＣ（Free Child）、ＡＣ（Adapted Child）に分類します。それぞれの意味は次のようになります。

・ＣＰ（批判的親）―教育したり厳しく批判する性格です。法や道徳を守り秩序を重んじる父親的性格と呼べるもの。

・ＮＰ（保護的な親）―人への気配りや思いやりがあり、優しく人情深い性格。母親的性格と呼べるもの。

・Ａ（大人）―感情コントロールに優れ、理性や知性でものごとを合理的・事務的に判断する性格。客観的データに基づいた行動をする。

・ＦＣ（自由な子供）―のびのびとしておおらか。無邪気で思い通りに行動する性格。

・ＡＣ（適応した子供）―周囲に順応しようとする性格。上司や部下の顔色をうかがいながらいい子でいようとし、自由な自分を押し殺している。

自我はこの五つのパターンが関係し合って形成されています。けれどもどれがぬきんでていても、決してほめられた状態ではないとバーン氏は言います。このようなグラフを手にするとほとんどの人が、いわゆる長所の部分が多くあり、短所などなければいいと考えがちですが、それは大きな間違いです。もうおわかりでしょうが、長所も度が過ぎれば短所につながります。バランスを大切にし、十字論の基本にしたがって自己分析にのぞまなくてはいけません。

子供のしつけは緩やかにが原則です

例えば、Ｐを疎外しがちな人はどうでしょう。まず、無責任な行動をとりがちです。Ａを疎外する人は客観性に欠けた判断をしがちです。Ｃを疎外する人は失敗を恐れるあまり、自己防衛の姿勢がどうしても強くなります。図を掲げておきますので、ご自分で確かめてください。見ての通り五つの自我の代表的状況が描かれています。十字論円盤の〈図2〉と〈図6〉に図柄も理論も酷似しています。

私の場合はいつも意識が朦朧《もうろう》としているときに図柄が浮かんでくるのですが、その数がすでに三十を越えています。エリック・バーン氏も恐らくこのような体験を通して「交流分析」に気づかれたのではないでしょうか。

話を本論にもどしましょう。

五つの自我類型を十字論の円盤にあてはめると、次頁のような〈図17〉になります。

Pは円盤の右半分にある集団の座にあたります。総合合理でいう合理の領域です。ここは親の座でもあり、親の立場、集団の長の立場にあるもう一人の自分を表してもいます。

Cは左半分の個人の座、子供の座、不合理の領域にあたります。P同様、その立場にあるもう一人の自分を表しています。Aは総合合理の統一の場、共存共栄の場、心の領域であり神の鎮座する場所でもあります。その他FCは本能・自由型、ACは従順・自己愛型、NPは保護・集団愛型、CPはしつけ・規律型、Aは適応性、総合合理となっています。

また本音と建て前に分類すると、前者がFCとNP、後者がACとCPとなります。し

〈図6と「交流分析」との照合図〉

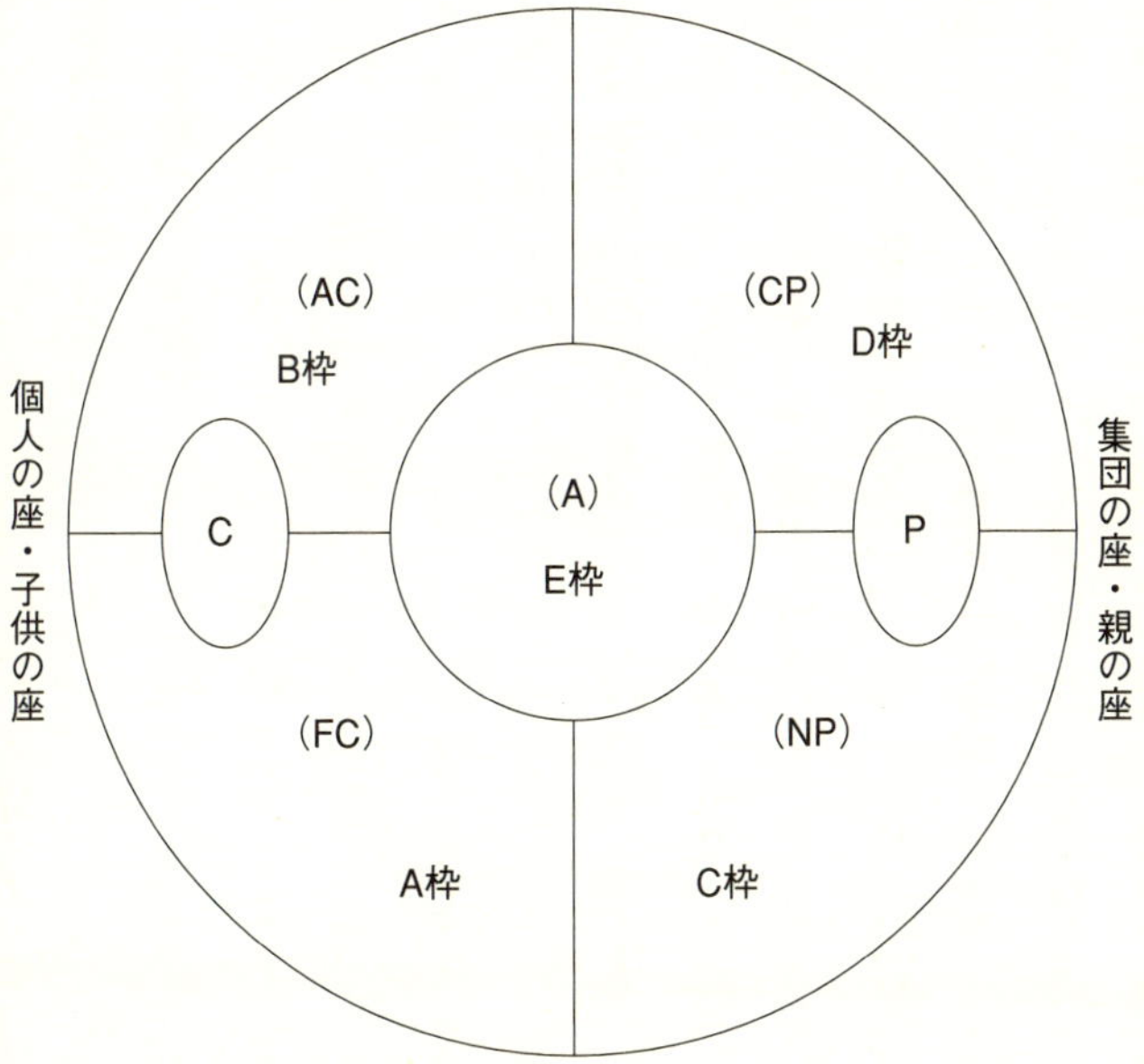

図17

たがって、図にも示してありますが、十字論のA枠からE枠への魂の旅をバーン氏の「交流分析」に沿って展開しますと、FC→AC→NP→CP→Aということになります。

この魂の旅路を、自我状態の必要に応じて、成人であろうと子供であろうと、バランスよくコントロールすることで交流がサラサラとしたものになっていきます。ただ子供の場合、これから成長していくわけですから、ゆるやかに適正化を行うべきでしょう。これに比べ、成人は厳しく実践しなければならないのはいうまでもありません。

十字論の修業はまず自分を知ることからスタートします

次にいよいよ自己コントロールの手本となるエゴグラムを作るためのチェック項目をのべましょう。

質問に関して正直に答えてください。各チェックとも○の場合は二点、△は一点、×は○点としてその合計を出し、グラフ化しますと現在のあなたの本当の姿が見えてきます。グラフ化の方法は質問が終わった後に説明します。

★チェック１　ＣＰ度（あなたのなかの批判的親度）

①子供や妻（あるいは夫）が間違ったことをしたとき、すぐにとがめますか。
②あなたは規則を守ることに厳しいほうですか。
③最近の世のなかは子供を甘やかしすぎていると思いますか。
④あなたは礼儀作法にうるさいほうですか。
⑤人の言葉をさえぎり、自分の考えをのべることがありますか。
⑥責任感を人に強く要求しますか。
⑦小さな不正でもうやむやにするのが嫌いですか。
⑧「ダメじゃないか」「××しなければいけない」といういい方をよくしますか。
⑨あなたは格言や諺が好きですか。
⑩ときには子供をスパルタ式にしつける必要があると思いますか。

★チェック2　ＮＰ度（あなたのなかの保護的親度）

①道を訊ねられたとき、あなたは親切に教えますか。
②頼まれたら、たいていのことは引き受けますか。
③あなたは人にオゴることが好きですか。
④子供をよくほめたり、なぜたりするほうですか。
⑤他人の世話をするのが好きですか。
⑥相手の欠点よりも長所を見るほうですか。
⑦子供の勉強の面倒をよくみるほうですか。
⑧子供や妻（または夫）の失敗に寛大ですか。
⑨あなたは融通がきくほうですか。
⑩経済的余裕があれば、交通遺児を引きとって育てたいと思いますか。

★チェック3　Ａ度（あなたのなかの大人度）

①あなたは栄養を考えて食事をとりますか。

②子供を叱る前によく事情を調べますか。
③他人の意見は賛否両論を聞き、参考にしますか。
④仕事は能率的にテキパキ片付けていくほうですか。
⑤あなたは本をよく読むほうですか。
⑥子供をしつけるとき、感情的になることは少ないですか。
⑦ものごとは、その結果まで予想して行動に移しますか。
⑧子供の前では夫婦喧嘩をやめようとしますか。
⑨体調のよくないとき、自重して無理を避けますか。
⑩育児について、妻（または夫）と冷静に話し合いますか。

★チェック４　ＡＣ度（あなたのなかの適応性の高い子供度）

①あなたは遠慮がちで消極的なほうですか。
②子供のいいなりになることがありますか。
③いつも無理をして、他人からよく思われようと努めていますか。

④あなたは劣等感が強いほうですか。
⑤子供のため、どんなイヤなことでも我慢しようと思っていますか。
⑥他人の顔色を見て行動するようなクセがありますか。
⑦育児について、親や他人の意見に影響されやすいほうですか。
⑧子供のごきげんをとるような面がありますか。
⑨イヤなことをイヤといわずに抑えてしまうことが多いですか。
⑩内心は不満だけれど、表面では満足しているように振る舞いますか。

★チェック5　ＦＣ度（あなたのなかの自由性の高い子供度）

①うれしいときや悲しいとき、顔色や動作にすぐ表しますか。
②人の前で歌をうたうのが好きですか。
③言いたいことを遠慮なく言うことができますか。
④子供が泣いたりはしゃいだりするのを放っておけますか。
⑤欲しい物は手にいれないと気がすまないほうですか。

⑥あなたはお洒落が好きですか。
⑦子供と一緒にハメをはずして遊ぶことが好きですか。
⑧マンガの本を読んで楽しめますか。
⑨「わぁ」「すごい」「かっこいい！」などの感嘆詞をよく使いますか。
⑩子供に冗談をいったりからかったりするのが好きですか。

いかがでしたか。では集計した点数を次のグラフにあてはめ、それぞれを線で結んでください。理想の線との差があなたの自我状態のバランスの悪さを表しています。

この理想的なエゴグラムを十字円盤で表しますと次頁の図表となります。

「交流分析」の結果を十字円盤に当てはめてみると、自分の魂が今どこで修業をしていかなければならないか、さらにはっきりと理解できると思います。自己テストをしてみてください。

球状思考は二十一世紀を無理なく救います

地球文明は、今、転換地点にさしかかっています。先進国と途上国の著しい経済格差、日本国内の、無策といわれても仕方のないような、大都市と地方の経済・文化・情報の格差など、その広がりはとどまるところを知りません。とくにわが国は、経済は一流、文明は三流といわれるだけあって、格差のかたよりは目に余るものがあります。この事実こそ自然破壊、公害、人心荒廃のもとであると私は考えます。

経済発展が適正であれば人々の生活は潤います。日々の暮らしも楽しいものとなります。ですが、それも度を超してしまうと、その状態を維持するために、今度は見栄と苦しさを作りだします。それが現在でしょう。でも、だからといってそのかたよりを単純に直そうとすると、文明社会そのものまで崩壊させてしまう危険を孕んでしまいます。しかしこのままの状況で進んでいくとなると、私たちの未来や子供たちの時代はいったいどうなるでしょう。事は緊急を要するのに残念ながら妙策といえるものがまだありません。いま

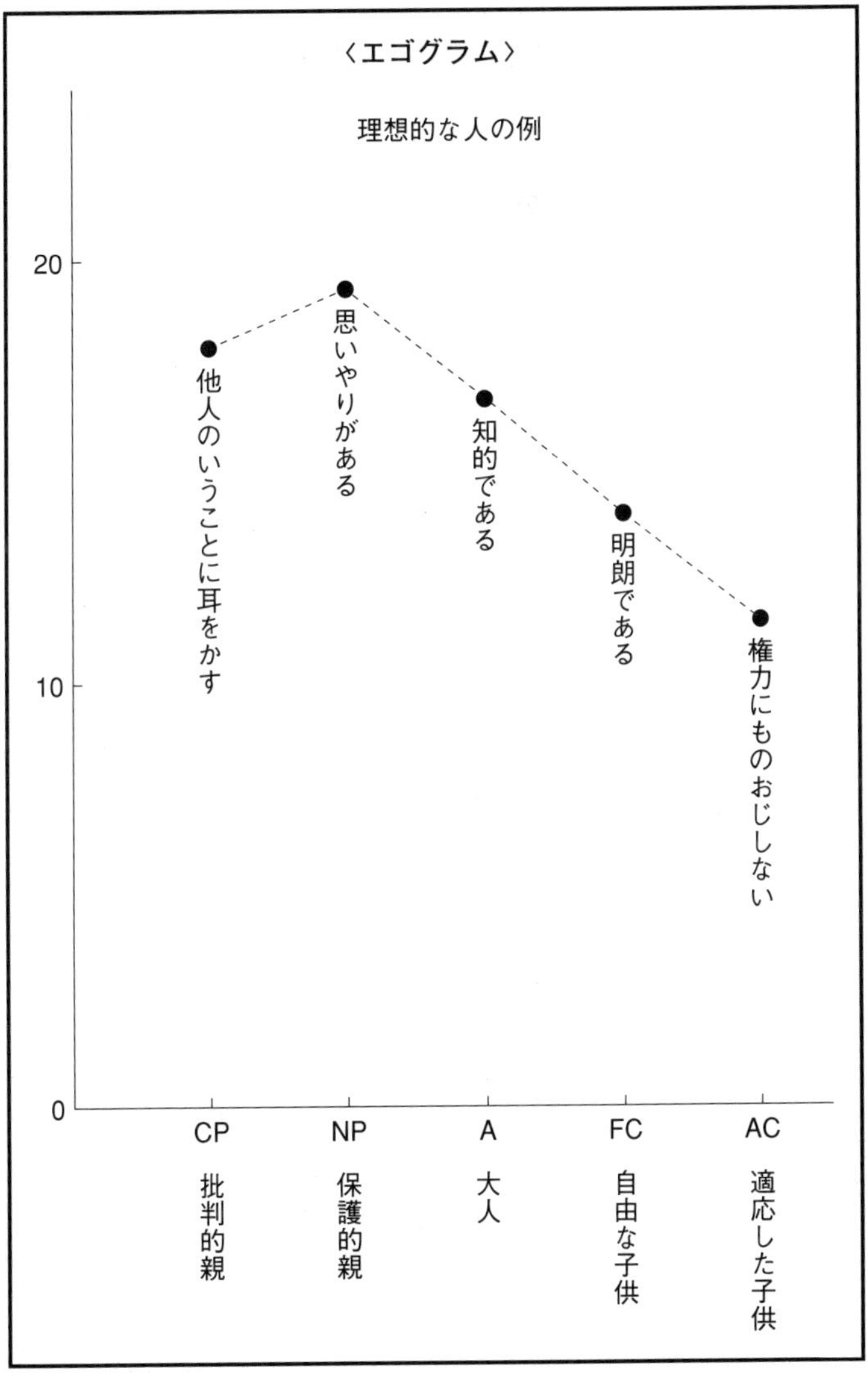
〈エゴグラム〉
理想的な人の例
20
10
0
他人のいうことに耳をかす
思いやりがある
知的である
明朗である
権力にものおじしない
CP
批判的親
NP
保護的親
A
大人
FC
自由な子供
AC
適応した子供

図18

〈十字式円盤早見図表（1）〉

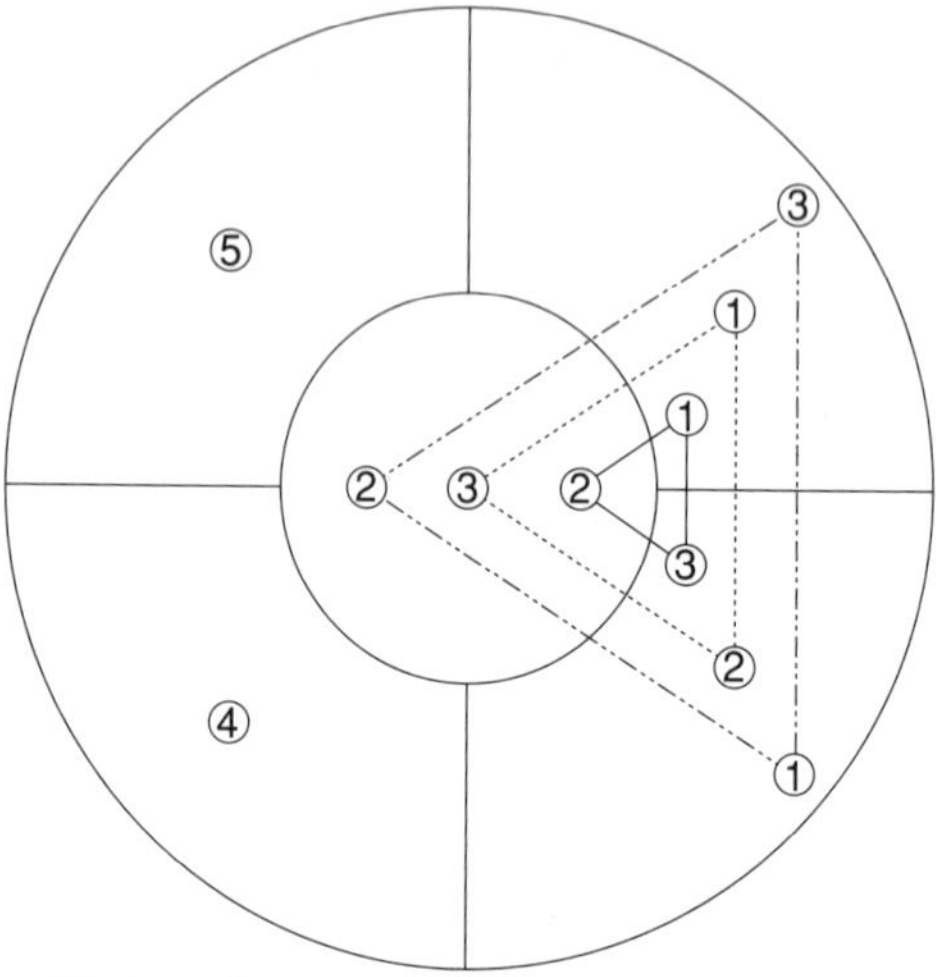

☆ ‐‐・‐‐・‐‐ 理 想 型①合計19点②18点③17～16点④15～14点
⑤13～12点
☆ ‥‥‥‥‥ ガンコ型①19点②15点③10点④6点⑤5点
☆ ――――― イライラ型①17点②17～16点③13点④10点⑤9～8点

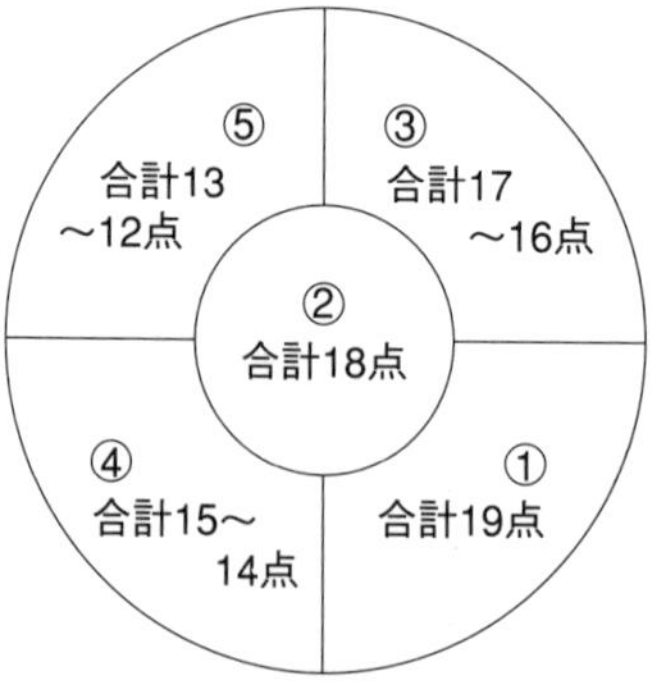

〔理想型〕

図19

〈十字式円盤早見図表(2)〉

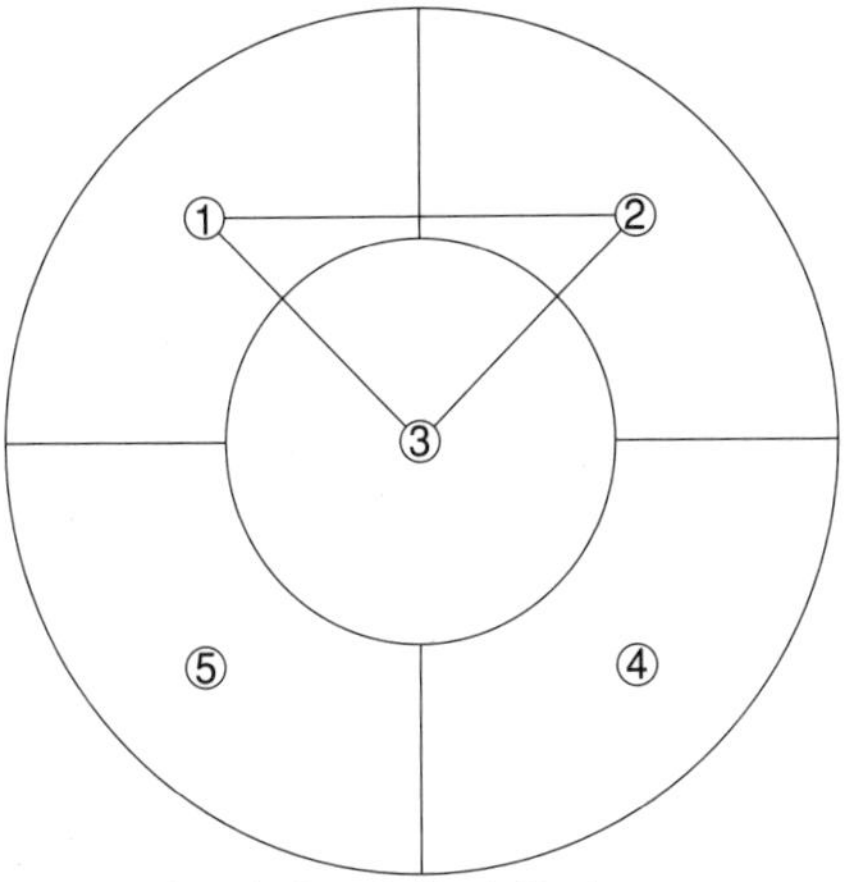

☆おちこみ型①20点②18点③10点④8点⑤6点

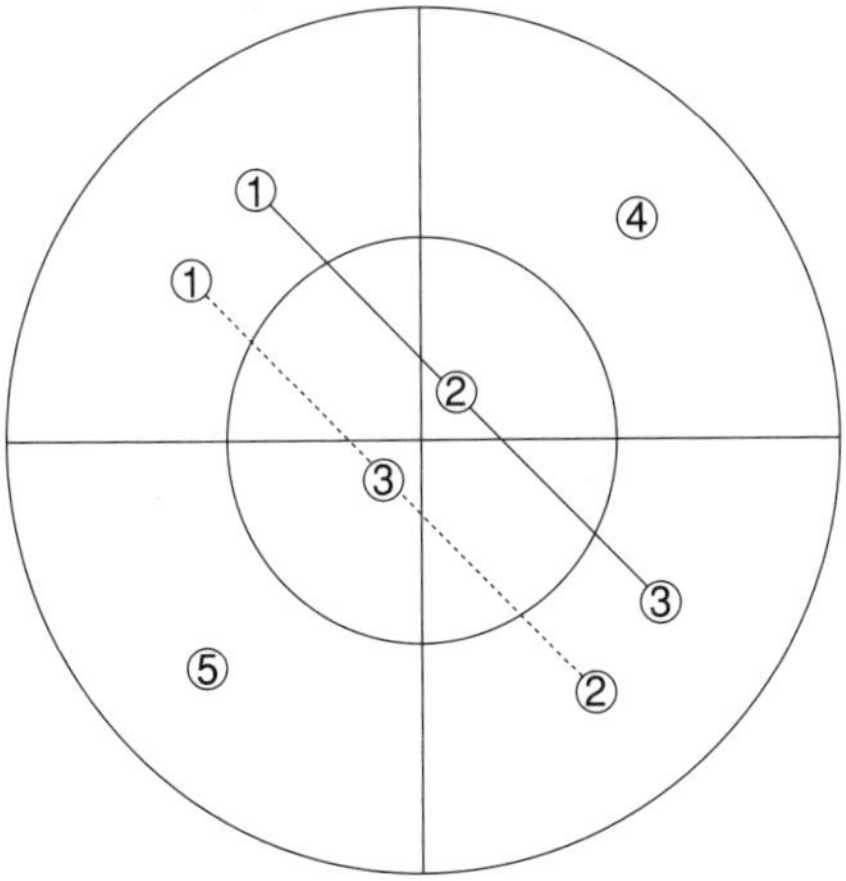

☆ ‥‥‥‥‥ おふくろ型①19点②18点③17～16点④8点⑤7～8点
☆ ――――― 甘えん坊型①19点②15点③10点④8点⑤6点

図20

や世界中の人たちがこのことに気づいています。

で、その妙策ですが、結論からいえば、汚染・破壊を生み出している張本人である私たちの考えを改めるしか方法はないでしょう。じつは、本書が十字論の球状思考を提案しているのは、こういう意味なのです。ここまで読み進めてこられた方ならばもうおわかりのように、球状思考とは共存共栄を人生の目的とした考えをまとめあげたものです。自然界を整合している十字形態を基軸とし、左右にバランスをとって矛盾を配置し、人力の限界としての外縁を球状に締めくくって矛盾を統一させ、全体をコントロールしようとするものです。

嫌いだと、なぜ逃げるのですか……

ところで、この矛盾のバランス化を実現するには0点《ゼロ》を通過しなければなりません。それで初めてかなうのです。0点を通過または0点に立つということは悟りをひらくということですが、そう簡単に実行はできません。でも、むずかしいとばかりいっていられませんので、一つの方法を提案しましょう。それは嫌いな人を好きになるということです。

前述したように、これは魂の拷問にも似た作業です。自分の人格はもとより体質の変革さえも要求される行為です。これこそが人類が、地球の汚染と破壊から守っていくために絶対に成し遂げなければならないことです。それも少人数だけの実行では駄目です。国民全体がその気になるのが一番いいのですが、そうもいかないでしょう。せめて、社会のリーダーシップをとる方々だけにはそうなっていただきたいものです。そして民衆を、一歩ずつでも引きこんでいって欲しい。そうしてこそ、未来は救われると私は考えます。

もう一度、球状思考を実践するためのいくつかのアドバイスをしておきましょう。

嫌いな人を好きになるには、まず、なぜ自分がその人を嫌いなのかを観察することです。嫌いな人とは、自分から見て批判したくなる性質を多く持っている人ということです。そして、批判したいのに批判ができないで抑圧された状態にあるということです。批判の度合いが強ければ当然、抑圧の度合いも強いわけです。

ところで、この批判はどこから起こるのでしょう。じつは、それは過去の自分自身の規律に必要のあったものなのです。ですから、素直に口に出すことができず、どうしても抑制せざるを得なくなってしまうのです。抑制がより強まってきますと、やがてその人は苦しみに耐えきれなくなり、他人に転化し、自分はひたすらその苦しみから逃げようとします。その結果、自分をそのようにした、自分と逆の人を嫌いになってしまうのです。それがどんどん強くなっていくと、最終的には体質となってしまうのです。

批判の裏には反省が潜んでいます

けれど、ここでじっくりと考えてみてください。嫌いになってしまった原因、つまり言いたくても言えない批判は、そのとき、もともと自分のなかに必要なものとしてあったものです。ですから、一種のジレンマにおちいった状態となって、相手の顔を見るのがイヤになってしまうのです。抑制している苦しさをこんな風にして解放してしまうのです。

私たちは嫌いな人のなかに、自己の欲しているものを見ているのです。しかしそれは今の自分と異なっています。抑制から解放された羨ましい自由な状態です。可愛さ余って憎さが百倍とでもいったらいいのでしょうか、いわゆる近親憎悪に似た感情で、批判の気持ちがますます募るわけです。

「嫌いな心」とはこのように、「批判」と「好き」との矛盾統一が不完全なために作り出されるものです。統一させないかぎり「嫌い」を「好き」に変えることはできません。

魂の仕組みは複雑です。実行の段階になるとさらに複雑さを増します。「嫌いな人」を好きになって近づいていくことは、いってみれば敵地にのりこむようなものです。考えただけで、

「サァ、好きになったぞ……」

と言っても、ただちに心と心の交流ができるなんてことはあり得ません。いままである人を嫌いだったら自分を好きだった人たちは、自分同様にある人が嫌いだったはずです。もし、その人たちになんの断りもなしに嫌いだった人と交流を始めると、いままで自分を好きだった人を裏切ることになります。そしてその行為は、嫌いな人たちからも白い目で見られるでしょう。例えば、野党の代議士が支持者へなんの断りもなしに与党へ鞍代えしたのと同じです。与党にしたって、いきなり、

「今日からは同志だ。ヨロシク……」

といわれても、きっと戸惑うことでしょう。

そんなわけで、反対側に行くには余程の考えと勇気ある実行がないとできません。対人関係の複雑さが、そう簡単に「嫌い」を「好き」にさせてはくれないのです。

魂の進化なしには新しい世界へ行けません

では、実行するにはどうしたらいいのでしょう。それにはまず、その嫌いな相手が世間に対して甚だしい不良行為（盗み、殺生、その他）を行っていて、それで嫌いなのか、または自分の感情だけ、あるいは少数の仲間の考えだけで嫌いになっているのかをみる必要があります。

世間一般からの批判ならば、その人の行為を改めさせなければならないでしょう。けれど、自分または少数の仲間だけの批判ならば、まず自己反省しなければなりません。そして「嫌いな人」に対する憎悪の思いを自己の内から消滅させることから始めなければなりません。相手を嫌っていた自己を反省するとともに、相手の幸福を祈れるようになるまで自分の魂を変化させる必要があるのです。このような自己浄化が起こって、やっと嫌いな人への憎しみから解放されるのです。そして、この解放が悟りへの第一歩となるのです。

やがて悟りが進むにつれ、いままでの「好き」な人たちへも、その心境が伝わっていきます。その結果、去って行く人もいれば、いままで通り交流の続く人もいます。それは、それぞれの利害・損得の強弱の度合いによってなされます。つまり損害が大きいと判断した人は早く去ります。反対に利得があると考えた人とは、そのまま交流が続いていくわけです。そして、自己浄化が落ち着くにつれ、新しい対人関係グループができていきます。新しいグループはいままでと違い、単なる好き嫌いを超えた新世界の人たちです。そして、わだかまりのないサラサラとした交流のできる世界となっていることでしょう。

おわりに

この球状思考は、私の神秘体験をもとに生みだされたものです。生まれたての頃は、大意の把握だけにとどまっていました。けれど、ときが経つにつれ、霊感のなかに現れた十字円盤の図柄の助けをかり、次第に、細部にわたって把握ができるようになりました。

そして、今では「マイヤーズ通信」「エリック・バーンの交流分析」「神智学」「日本神道」などとの符合によって、さらにはっきりとした一つの関連性を発見するに至ったのです。表現の違いはあっても、これらの分野と私の球状思考とは、人類心理の深層を突き破った奥深いところにあるなにものか（意識）を探究しようとしているのは間違いがありません。

理論物理学の分野でも、因果律を超えた考え方が生まれつつあるそうですが、これらは、人間の歴史上かつてなかった新しい道でしょう。

読んでいただいた方にはおわかりのように、球状思考は、神の意識から人の意識につながる道を示唆しています。そして、神秘体験をともなう魂の旅です。十字の意識エネルギーの交流に気づくことは、人類の真実の発展に目覚めることはもちろん、自らの幸福をつかむことでもあります。

読者の一人ひとりが、本書の目的であるハッピー人生を手にすることを願いつつ筆をおくことといたします。

２００３年2月吉日　著　者

十字論研究会　クラブリスト

毛呂山研修所　〒３５０—０４５２　埼玉県入間郡毛呂山町大字大谷木字日影六〇三—一
電話０４９２（９４）６０４５　ＦＡＸ０４９２（９４）６０４５

八女クラブ　〒８３４—００６４　福岡県八女市大字蒲原一一四二—一
電話０９４３（２２）２７１２　ＦＡＸ０９４３（２２）３８０８

深谷クラブ　〒３６６—０８２７　埼玉県深谷市栄町一六—四八
電話０４８５（７２）４３６２　ＦＡＸ０４８５（７４）０３９１

新座クラブ　〒３５２—００１２　埼玉県新座市畑中二—一五—六
電話０４８（４７７）３１８９　ＦＡＸ０４８（４７７）３８７２

竜ヶ崎クラブ　〒３００—０４１８　茨城県稲敷郡美浦村大字花見塚六六九—一五
電話０２９８（８６）２３２０　ＦＡＸ０２９８（８６）２３２０

野火止クラブ　〒３５２—００１１　埼玉県新座市野火止一—一九—二八
電話０４８（４７８）５０２７　ＦＡＸ０４８（４７８）１０４９

和光クラブ　〒３５１—０１０４　埼玉県和光市南一—二六—三二
電話０４８（４６６）２６０９　ＦＡＸ０４８（４６６）２６０９

古河クラブ　〒３０６—００２２　茨城県古河市横山町二—六—一九
電話０２８０（２２）２４８２　ＦＡＸ０２８０（２２）２４８２

ヤヒメスクール　〒８３３—００１５　福岡県筑後市津島一二八八
電話０９４２（５２）５６３７　ＦＡＸ０９４２（５２）５６４７

フォーリーフクローバークラブ
〒833—0015　福岡県筑後市津島一二八八
電話0942（51）7172

飯塚サンハッピークラブ
〒820—0016　福岡県飯塚市菰田東一—一二—八
電話0948（23）4309

福岡エンジェルクラブ
〒815—0032　福岡県福岡市南区塩原一—一六—一三
電話092（512）0973　FAX092（512）0977

福岡パールクラブ
〒816—0079　福岡県福岡市博多区西月隈三—八—一二
アール板付七一九
電話092（451）8106　FAX092（451）8106

佐世保メビウスクラブ
〒857—1164　長崎県佐世保市白岳町四五一—八
電話0956（31）7882　FAX0956（31）9734

久留米クリスタルクラブ
〒839—0808　福岡県久留米市東合川新町二—三〇〇—四〇二
電話0942（45）4420　FAX0942（45）4420

大善寺ビリーヴクラブ
〒830—0073　福岡県久留米市大善寺町宮本一四二一—一
電話0942（26）6544　FAX0942（26）6544

佐賀ビューティフルマインドクラブ
〒840—1104　佐賀県三養基郡三根町大字東洋九四〇
電話0942（96）4479　FAX0942（96）4479

唐津レインボークラブ
〒847—0026　佐賀県唐津市柏崎九九一番地一
電話0955（77）0560　FAX0955（77）0560

エイトパワークラブ
〒178―0063　東京都練馬区東大泉四―五―一二―一〇三
電話03（5387）0508

ピュアクラブ
〒300―0428　茨城県稲敷郡美浦村舟子二〇四四―二一
電話0298（85）7104　携帯電話090（2757）6852

ワイルドベリークラブ
〒820―0052　福岡県飯塚市大字相田二九四―二五
市住八―八一四
電話090（8624）9090

湘南サザンクロスクラブ
〒247―0063　神奈川県鎌倉市梶原八六―三
セシーズ四〇二
電話0467（48）3558　FAX0467（48）3558

〈著者プロフィール〉

川島 善市（かわしま ぜんいち）

昭和八年（一九三三年）福岡県八女郡に生まれる。

昭和二十九年（一九五四年）上京し、仕事の傍ら経営学を独習。

昭和三十三年（一九五八年）富士短期大学卒業後、内装会社を設立し、順調に業績をあげる。

昭和三十七年（一九六二年）二十九歳で奇跡に出会う。

昭和四十三年（一九六八年）一級室内設計士資格取得。

昭和五十三年（一九七八年）一級経営調査士資格取得。

昭和六十二年（一九八七年）内装会社の社長職を退き会長となる。「道光会」を興す。後に「ドーコー会」と改名。三月二十日に『道魂』を出版。

昭和六十三年（一九八八年）三月十一日に『０の奇跡』を出版。

平成一年（一九八九年）九月十五日に『ヤマト古代神からの暗号』を出版。

平成四年（一九九二年）七月二十六日に『幸せへの方定式』を出版。

平成六年（一九九四年）世界仏教法王より、世界宗教最高指導者章を受章。世界学術文化審議会より、「十字論」に国際グランプリ最優秀理論の認定証を受ける。

平成十二年（二〇〇〇年）世界平和連合より世界文化大賞を受賞。

住所　〒833-0002　福岡県筑後市前津1153
FAX　0942-52-9089

天門の鍵

2003年６月15日　　初版第１刷発行
2003年８月25日　　初版第２刷発行

著　者　川島 善市
発行者　瓜谷 綱延
発行所　株式会社 文芸社
〒160-0022 東京都新宿区新宿１-10-１
☎03-5369-3060（編集）
03-5369-2299（販売）
印刷所　神谷印刷株式会社

ISBN4-8355-5691-7 C0095